Angelika Mechtel

Jeden Tag will ich leben

Ein Krebstagebuch

S. Fischer

Umschlagentwurf: Buchholz/Hinsch/Walch
unter Verwendung einer Abb.
von Henri Matisse »Nu Bieu III«

Satz: Wagner GmbH, Nördlingen
Druck und Einband: Clausen & Bosse, Leck
Printed in Germany 1990
ISBN 3-10-049204-8

Inhalt

I
Die Knoten

Es fällt mir schwer, meine eigene Geschichte aufzuschreiben. Bisher habe ich die Geschichten, die ich schrieb, mehr oder weniger erfunden. Jetzt, in diesem Buch, wird es keine Erfindungen geben. Ich muß über mich selbst schreiben, so präzise, wie ich mich erinnere, wenn ich die Tagebucheintragungen von damals heute noch einmal lese.
Um es mir leichter zu machen, gebe ich mir einen Namen. Ich nenne mich: Margot. Damit bin ich neben mich getreten, aus mir herausgetreten und habe jene Distanz geschaffen, die mir notwendig erscheint.
Also: Margot. Freiberuflerin. Mein Alter. Meine Haarfarbe. Mein Gewicht. Sie ist geschieden, hat zwei erwachsene Töchter und einen kleinen Enkelsohn; außerdem einen Lebensgefährten, dem sie zu der Zeit, zu der sie sich mit dem Gedanken vertraut machen muß, eventuell Brustkrebs zu haben, seit gut sechs Jahren verbunden ist. Ich nenne ihn Roland. Roland, meine ich, paßt gut zu Margot.
Wahrscheinlich ist es wichtig zu wissen, daß die beiden, so eng sie auch miteinander verbunden sind, doch in zwei getrennten Wohnungen leben.

Die Knoten, es sind zu Anfang mehrere kleine Knoten in der linken Brust, entdeckt Margot Anfang September 1987. Sie ist allein in ihrer Wohnung, hat Badewasser eingelassen, sich ausgezogen und – eine Gewohnheit – zärtlich

die Brüste in beide Hände genommen, ehe sie ins Wasser steigen wollte.
Ihr erster Gedanke ist: Das war es also! Mit »das« meint sie ihr Leben.
Dazu gehört eine Vorgeschichte. Margots Familiengeschichte. Sie hat seit beinahe dreißig Jahren auf diesen Zeitpunkt gewartet. Ja, tatsächlich: gewartet, furchtsam gewartet.
Der Krebs liegt in der Familie. Ihr Großvater starb an Leukämie. Als Margot fünfzehn war, kam ihre Mutter mit Gebärmutterkrebs im fortgeschrittenen Stadium und deshalb wohl nicht mehr operabel ins Krankenhaus. Sie überlebte mit Radiumbestrahlung und lebt heute noch. Inzwischen aber starb die Schwester ihrer Mutter an Leukämie und ein Cousin aus der Mutterlinie an Darmkrebs.
Jetzt also ich, denkt sie: Eine ganz logische Fortsetzung. Sie tastet, während sie im Badewasser liegt, die Knoten ab. Ihre Gefühle sind panisch. Im Gegensatz zu den Gedanken.
Stunden später eine Erklärung, die sie erleichtert: Womöglich ist es nur eine Hormonstörung? Sie bekommt in wenigen Tagen die Monatsblutung. Dann wird der Spuk vorbei sein. Sie will abwarten.
Auf keinen Fall wird sie ihre Reise nach Rio absagen. Sie ist dort zur Deutschen Buchausstellung eingeladen, hat sich mit einem Vortrag darauf vorbereitet und freut sich auf diese Reise. Dazwischen der Gedanke: Und wenn es meine letzte Reise ist?

Die Knoten bleiben. Sie fliegt nach Rio.
Sie ist froh, daß Roland zur gleichen Zeit eine Tagung in der ČSSR besucht. Auf diese Weise gerät sie nicht in die Versuchung, ihm gegen ihren Willen etwas von ihren Ängsten zu erzählen.

In Rio beginnt die Brust zu schmerzen. Margot tastet sie jeden Abend ab. Die Knoten sind nicht wegzutasten.
Sie kehrt nach vierzehn Tagen zurück. Roland holt sie vom Flughafen ab. Sie hat sich fest vorgenommen, nichts zu sagen, erst zum Arzt zu gehen, ihn nicht unnötig zu ängstigen. Aber dann hält sie dem Druck ihrer Angst nicht stand, nimmt seine Hand und legt sie auf die Brust. Es ist eine zärtliche Geste, als könnte seine Hand heilen.
»Aber, es muß nicht unbedingt Krebs sein«, beruhigt sie ihn und sich selbst. Es tut gut, daß Roland nicht verstummt, daß er Anteil nimmt, daß sie über das Entsetzen sprechen kann, auch über die Hoffnung.
Ihre Gespräche, die sie über Tage hinweg immer wieder führen, helfen Margot, Ängste, die sich aufgestaut haben, herauszulassen und auf diese Weise Erleichterung zu finden, aber sie lösen das Problem nicht. Sie bringen auch nicht die Klarheit, die Margot sich wünscht, um, wie sie meint, eine eindeutige Entscheidung treffen zu können.
Hatte sie nicht jahrzehntelang gesagt: »Wenn ich Krebs bekomme, lasse ich nichts machen. Ich verkaufe alles, was ich habe, und gehe auf Weltreise.«
Die Wirklichkeit ist nicht so eindeutig. Ohne überhaupt einen Befund zu haben, begreift Margot, daß es *eine* Sache ist, über eine irgendwann mögliche Krebserkrankung zu reden, und eine andere, mit der Möglichkeit konfrontiert zu sein, tatsächlich Krebs zu haben.

Als sie nach einer Woche voller Gespräche, die sich am Ende im Kreis drehen, einen Termin beim Frauenarzt vereinbart, hat sie zumindest die Entscheidung getroffen, Klarheit haben zu wollen. Sie will wissen, ob es Krebs oder ob alles nur ein Spuk ist. Ehe sie zum Arzt geht, kauft sie zwei Bücher über Brustkrebs. Das eine liest sie nur an und legt es dann beiseite, weil die Lektüre sie in einen Gefühls-

aufruhr versetzt: Es ist die Geschichte einer Frau, die am Zerbrechen ihrer Beziehung krank wurde.
Die gynäkologische Untersuchung beim Arzt konfrontiert sie mit der Tatsache, daß sie ein Myom in der Gebärmutter hat. Die Brust soll mammographiert werden. Vorher ließe sich wenig sagen.
Das Myom in der Gebärmutter wird von dem jungen, tüchtig, aber auch ehrgeizig wirkenden Frauenarzt noch einmal mit Ultraschall untersucht. Für Margot ist es die erste Ultraschalluntersuchung ihres Lebens. Als sie mit ihren beiden Töchtern schwanger war, gab es das noch nicht.
Weil sie es sich vorgenommen hat, beginnt sie zu fragen. Sie fragt naiv, unwissend, erfährt aber, daß in dem Gleitmittel, das auf die Haut aufgetragen wird, Formaldehyd enthalten ist. »Aber es ist so wenig, daß es nicht schadet«, versichert der junge Arzt.
Formaldehyd, das weiß Margot, ist ein krebserregender Stoff.
»Wie lange waren Sie nicht mehr beim Gynäkologen?«
Jahrelang. Das gibt sie zu. Sie hatte keine Beschwerden. Ihre Monatsblutungen sind regelmäßig wie der Kalender.
Das Myom, so der Arzt, müsse auf jeden Fall herausgenommen werden, am besten lasse sie eine Totaloperation machen, sie sei ja ohnehin in einem Alter, in dem sie sicherlich keine Kinder mehr wolle.
Margot macht sich Selbstvorwürfe. Sie hätte regelmäßig zum Arzt gehen sollen. Erst später weiß sie, daß ein Myom in den seltensten Fällen zur Krebsgeschwulst entartet und daß eine Krebsfrüherkennung in der Gynäkologie eigentlich nur beim Gebärmutterhalskrebs möglich ist. Jeder andere, ob an den Eierstöcken oder in der Brust, ist Jahre alt, wenn er entdeckt wird.[1]

Einen Tag später läßt sie die Mammographie machen. Es ist mehr als fünfzehn Jahre her, daß sie im Rahmen einer Krebsvorsorge ihre Brüste mammographieren ließ. Damals war diese Art der Untersuchung als Neuerung propagiert worden. Als dann in der Öffentlichkeit Zweifel über das Verhältnis von Nutzen (Früherkennung) und Schaden (Strahlenbelastung) auftauchten, hat sie weitere regelmäßige Untersuchungen dieser Art abgelehnt.
Die Mammographie bringt zwei Knoten aufs Bild: einen in der linken Brust, dort, wo sie ihn selbst spürt[2], und einen in der rechten, in der sie nichts ertasten kann.
Margot fragt, will wissen, ob es Krebs ist. Der Röntgenarzt kann oder will keine eindeutige Antwort geben. Verweist sie an ihren Arzt. Mit dem habe er eben schon telefoniert und sei gebeten worden, auch noch eine Thoraxaufnahme zu machen.
Hat Thorax nicht irgend etwas mit der Lunge zu tun? Sie ist mit einem von vielen medizinischen Begriffen konfrontiert, die ihr mit der Zeit geläufig werden.
Sie scheut sich, ihre Unwissenheit zuzugeben, fragt nur: »Warum denn das?«
»Das ist so üblich«, wird ihr geantwortet. Damit gibt sie sich nicht zufrieden. Üblich, warum? Sie fragt wie ein Kind, aber sie muß fragen, wenn sie sich nicht ausliefern will. Das würde vor jeder Operation so gemacht, wird ihr gesagt, das erspare ihr das Röntgen in der Klinik.
Operation? Sie hat noch gar nicht zugestimmt.
Sie fühlt sich bevormundet.
Sie begreift auch, daß hier mit Röntgenaufnahmen Geld verdient wird.
Sie lehnt ab.

Das nächste Gespräch beim Frauenarzt findet in seinem Besprechungszimmer statt. Margot sitzt vor seinem

Schreibtisch. Das erinnert sie an Termine beim Rechtsanwalt, als es um ihre Scheidung ging.
Der Arzt hat die Aufnahmen vor sich liegen. Kein Wort darüber, daß sie die Thoraxaufnahme verweigerte.
Ob sie Krebs habe oder nicht, könne nur eine Operation klären. Margot läßt sich den Vorgang der Operation erklären. In Vollnarkose wird ein Schnitt am Warzenhof gesetzt und der Knoten entnommen. Während die Patientin noch in Vollnarkose liegt, wird das Gewebe untersucht. Das dauert kaum länger als zwanzig Minuten. Ist das Ergebnis »positiv«, ist es also Krebs, wird die Brust oder werden beide Brüste amputiert.
Also beide Brüste.
Vielleicht sei es ja auch nur eine, wird sie getröstet.
Er schlägt vor, Margot solle die zwanzig Minuten, die sie ohnehin in Narkose gehalten würde, nutzen und gleichzeitig die Gebärmutter mit dem Myom herausnehmen lassen; das sei ein unkomplizierter Eingriff, und sie hätte sozusagen »alles auf einmal erledigt«.
»Ist es ein Myom, oder kann es Krebs sein?«
In der Regel sei ein Myom kein Krebs, könne jedoch dazu werden. Die Operation sei nur eine Vorsichtsmaßnahme. Margot erinnert sich, daß auch ihre Mutter angeblich nur an einem Myom litt, eine Fehldiagnose, die sie fast das Leben gekostet hatte. Allerdings hatte ihre Mutter Blutungen, zu Anfang Zwischenblutungen, zuletzt Blutstürze. Margots Körper gibt keins dieser Warnsignale.
Sie weist den Arzt darauf hin. Er wehrt ab, Myome würden wachsen und dann eben große Beschwerden machen.
Er schlägt ein Krankenhaus vor, greift schon zum Hörer, um sie anzumelden. Margot will Bedenkzeit und sich mit ihrem Hausarzt bereden.
Sie läßt sich die Röntgenaufnahmen aushändigen.

Sie hat das Gefühl, zur Operation gedrängt zu werden, als ginge es hier um einen Wettlauf mit der Zeit, einem, der über Leben und Tod entscheidet, ohne daß ihr die Notwendigkeit einer solchen Hetze plausibel gemacht wird. Sie sieht sich umstellt, bedrängt, die freie Entscheidungsmöglichkeit eingeschränkt.
Dr. M., ihr alter Hausarzt und Internist, der seine Patientin duzt, ist auch keine große Hilfe. »Wenn du nicht nachsehen läßt, bist du in zwei Jahren tot.« Er argumentiert drastisch. Das ist seine Art. Als erster ist er bereit, ihr die Röntgenaufnahmen zu erklären. Zeigt ihr die Stellen, die verdächtig erscheinen. Ob es Krebs ist, kann er auch nicht sagen. »Außerdem sind deine Brüste verkalkt«, sagt er unbarmherzig.
Verkalkt?
»Wahrscheinlich hast du deine Kinder gestillt«, sagt er, die Kalkablagerungen kämen vom Stillen. Margot lacht zum ersten Mal bitter auf: Das also auch noch!
Warum sie sich denn so sträube, die Brüste amputieren zu lassen? Oder eben nur eine? Da würde »eine schöne Plastik« eingesetzt und alles wäre »wieder wie neu«.
Und das mit der Gebärmutter sei eine Routineoperation, da solle sie sich nicht aufregen. Seine Frau hätte das vor zwanzig Jahren machen lassen. Da sei erst jetzt eine Nachoperation notwendig geworden, weil sich alles »so ausgeweitet« habe, aber mit »einer Plastik« sei das wieder »wie neu« gemacht worden.
In Margot steigt Wut auf. Sie sitzt im Besucherstuhl neben dem Schreibtisch, hört dem Mann zu, der in seiner Art ein Unikum ist, aber sich wohl fühlt in seinem konservativen Weltbild.
Was heißt hier: »Wie neu«?
Was nutzt ihr die optische Schönheit einer nachgeformten Brust, wenn sie an dieser Brust nichts mehr empfindet?

Frauen mit Plastikbrüsten. Und jetzt auch noch mit einer Plastikvagina!

Scharf fragt sie: »Und, wem nutzt die schöne neue Plastik? Ihrer Frau oder Ihnen?«

Er schweigt. Sie hat ihn frontal angegriffen. »Mir natürlich«, gibt er dann zu und scheint betroffen.

Zum ersten Mal begreift Margot, daß sie männlichen Ärzten gegenübersitzt, denen ihr männliches Selbstverständnis im Weg ist, wenn sie auf die Ängste weiblicher Patienten eingehen sollen.

Sie sagt ihm, daß es ihr völlig egal sei, was ihr Partner empfände. In diesem Fall ginge es um sie, um ihren Körper, um ihr Empfinden.

Die Atmosphäre entspannt sich, als Dr. M. nun sichtlich bemüht ist, sich zurückzunehmen.

Sachlich und ohne seinen üblichen Hang zu drastischen Bildern erklärt er, was der Frauenarzt schon erklärt hat: Bei Brustkrebs sei es nach wie vor üblich, die Brust zu amputieren. Das garantiere etwas mehr Sicherheit. Sei der Krebstumor kleiner als zwei Zentimeter, würde heute in manchen Kliniken nicht amputiert, aber dieses Verfahren sei umstritten.

Sie erfährt nicht, was sie sich erst später, auf der Suche nach allen nur möglichen Informationen über Brustkrebs, Auswirkungen, Ursachen und Nachbehandlung, anliest: daß es unterschiedliche Arten der Brustkrebsoperation gibt, die, die das Muskelgewebe mit entfernt, jene, die nur die Brust wegnimmt, und eben die jüngste Methode, die nur den Krebs herausschneidet. Sie erfährt nicht, daß eine Entfernung der Lymphdrüsen unter der Achsel der betroffenen Seite üblich ist, weil gerade die Brust Krebszellen über das lymphatische System in den Körper abgibt und die Lymphknoten in der Achsel die erste Durchgangsstation sind, ehe Krebszellen in den Körper ausgeschwemmt werden. Sie erfährt nichts über die Folgen einer solchen Operation, nichts von Lymphödemen und Körperbehinderung nach der Operation.

Was sie auch nicht erfährt und zu diesem Zeitpunkt nur ungenau ahnt, weil es vor Jahren in ihrem weiteren Bekanntenkreis zwei Brustkrebsfälle gegeben hat, ist, daß gerade bei Brustkrebs häufig Rezidive und Metastasen auftreten. 65% aller Brustkrebspatientinnen müssen damit rechnen.[3] Sie weiß nicht, daß sich die statistischen Zahlen zur Überlebensrate in den letzten dreißig Jahren kaum verändern, trotz Krebsforschung; immer noch wird davon ausgegangen, daß nur diejenige geheilt ist, die fünf Jahre ohne Rückfall nach der Operation überlebt hat.[4]

Sie erfährt nichts über eine Strahlenbehandlung; nichts über Chemotherapie. Selbstverständlich auch nichts über andere, nicht unbedingt der Schulmedizin zuzurechnende Behandlungsformen, die vor allem nach einer Operation mit dazu beitragen können, Rezidive und Metastasen zu verhüten.

Sie erfährt nicht, welche Metastasen die häufigsten sind: Knochen, Leber, Lunge und Gehirn.

Sie erfährt auch nichts davon, daß ein Brustkrebs, der zu ertasten ist, also eine Größe von einem halben Zentimeter oder mehr erreicht hat, wahrscheinlich bereits seit 10 bis 15 Jahren gewachsen ist.

Sie erinnert sich, über eine Theorie gelesen zu haben, die davon spricht, Brustkrebs werde durch einen Virus verursacht; auch davon, Brustkrebs werde durch psychische Belastungen, etwa eine unglückliche Partnerschaft, begünstigt.

Später liest sie, daß der Virus, der Mitverursacher sein soll, ein Kuhmilchvirus ist, dem Säuglinge dann ausgesetzt sind, wenn sie so gut wie nicht mit Muttermilch aufgezogen werden. Je nach Disposition soll dieser Virus später zur Wirkung kommen. Sie weiß, daß sie selbst kaum gestillt wurde, obwohl sie mitten im Krieg zur Welt kam, als es schwierig war, Säuglinge und Kleinkinder mit Kuhmilch zu versorgen. Soll sie daraus ihrer Mutter einen Vorwurf machen?

Am Ende ihres Gesprächs mit Dr. M. ist Margot trotzdem bereit, einen Krankenhaustermin vereinbaren zu lassen. Dr. M. drängt ebenfalls auf Eile. Margot legt sich auf ein Datum fest, das ihr die Möglichkeit läßt, berufliche Termine noch wahrzunehmen. Diese Zeit will sie nutzen, sich zu informieren.
Sie will noch einen anderen Arzt befragen.
Sie beginnt wieder zu lesen. Im zweiten Buch, das sie gekauft hatte, findet sie, was sie in dieser Situation braucht: die Anstiftung zur Opposition und nützliche Hinweise auf Vitamine und Pflanzenextrakte, die bei der Krebsbehandlung eine positive Wirkung haben.[5]
Die Fülle der Informationen und das von den Ärzten vermittelte Gefühl, in tödlicher Gefahr unter Zeitdruck zu stehen, lassen sie unter einem täglichen Dauerstreß der Empfindungen und Gedanken leben.
Sie hat Roland. Ein Glück, daß sie Roland hat. Er hört geduldig zu, wenn sie erzählt, was sie liest, was sie erfährt, was ihr bei den Ärzten widerfährt.
Aber sie bemerkt, daß er immer schweigsamer wird. Er wirkt bedrückt. Deshalb versucht sie, zu bagatellisieren. Aus der Bagatelle wird nichts mehr. Als hätte jemand ein Menetekel an die Küchenwand geschrieben.
Sie entsinnt sich einer frühen Abmachung. Keiner von ihnen würde an den anderen gebunden sein, wenn dieser schwer erkrankt und der andere die Erkrankung nicht ertragen kann.
Sie sagt ihm, daß er frei ist.

Roland antwortet darauf nicht.
Sie fürchtet sich vor einer negativen Entscheidung.
Mit den Röntgenaufnahmen im Gepäck reist Margot eine Woche zu Lesungen im norddeutschen Raum. In einer verzweifelten Hoffnung beginnt sie, Vitamin A, Vitamin E und C zu schlucken, Brennesselextrakte, Zinnkraut, Mistel und Löwenzahn zu sich zu nehmen, Rote-Bete-Saft zu trinken, so wie sie es gelesen hat: Medikationen, die die Widerstandskräfte wecken, auf bisher noch ungeklärte Weise dämpfend auf Tumoren einwirken und den Stoffwechsel günstig beeinflussen. Obwohl der Termin in einer Klinik in Köln schon feststeht, hat sie noch immer keine Entscheidung getroffen, weiß nicht, ob sie sich tatsächlich operieren lassen soll, verfällt in angstvolle Reisen durch die eigene Vorstellungswelt, spielt noch einmal mit dem Gedanken an eine Weltreise, die Möglichkeit eines Finales.
Sie ertappt sich dabei, Landschaften, Menschen, Häuser so zu betrachten, als sähe sie sie zum letzten Mal. Als nähme sie bereits Abschied, als gäbe es nur den Tod.
Als könnte sie die Farben des Herbstes, dieses Goldgelb, das Feuerrot und das blasse, gelbliche Grün in sich einsaugen und über den Abschied hinaus in ihrem Körper bergen, selbst wenn er kein Leben mehr trägt.
Sie versucht sich aber auch vorzustellen, wie die Liebe mit Roland nach einer Operation aussehen könnte, dann, wenn eine Brust oder beide amputiert sind.
Sie kann es sich nur schwer vorstellen. Überhaupt liegt Zukunft nur als undurchschaubares Dunkel vor ihr. Sie kann sich kaum noch irgendwelche konkreten Vorstellungen machen.

Am Ende der Woche fährt sie zu ihrer jüngeren Schwester nach Bremen.
Sie hat nicht nur die Röntgenbilder dabei, auch einen

neuen Krankenschein für einen zweiten Frauenarzt. Das hat sie mit ihrer Krankenkasse so abgesprochen, weil sie nicht um eine Überweisung bitten und sich den ärztlichen Fragen aussetzen wollte.
Der Arzt ihrer Schwester ist nicht nur Schulmediziner, er ist auch Homöopath.
Margots Schwester geht mit zur Untersuchung und zum Gespräch. Das Myom, von dem Margot erzählt, scheint ihn nicht zu beunruhigen. Aber die Brust. Er rät dringend zur Operation und bringt die Klinik in Herdecke[6] ins Gespräch. Aber: Dort sei sicherlich vor Ende des Jahres kein Termin zu bekommen.
Bis zu diesem Moment hatte Margot gehofft, er könne ihr raten, abzuwarten, nein zu sagen zu einer Operation.
Sie hatte den Freispruch erhofft.
Sie weiß, daß sie sich gewünscht hatte, einer käme, faßte sie bei der Hand wie ein Kind und führte sie über die gefährliche Wegstrecke hinweg. Sie kommt sich betrogen vor. Auch lächerlich. Da kann keiner sein, der sie aufweckt und ihr sagt, alles sei nur ein Alptraum gewesen.
Es nutzt nichts, daß sie sich neben sich selbst stellt, aus sich heraustritt, Distanz schafft und den Fall betrachtet, als sei nicht sie die Betroffene.
Es verändert nichts, daß sie sich gemeinsam mit der Schwester über den Sekt im Kühlschrank hermacht, daß sie Kindheits- und Mutterprobleme besprechen.
Daß sie den Knoten in der Brust abstrahieren, objektivieren und damit dem Leben wie eben auch dem Tod entziehen wollen.
Margot ruft Roland an. Sie will nicht weinen, erzählt, spricht vom Ergebnis der neuerlichen Untersuchung, als handle es sich nicht um sie, vielleicht um eine Freundin, eher noch: um eine entfernte Verwandte. Sie ist nicht fähig, den Schrecken herauszuschreien. Das hat sie nie gelernt.

Roland reagiert, wie es seine Art ist, mit überlegter Ruhe, sie weiß, oder meint zu wissen, daß er denkt: Ich will sie nicht auch noch verunsichern. Seine Sätze sind wie Beruhigungsgesten.

Als die Kinder der Schwester dazukommen, schweigen beide Frauen, als ließe sich ein Unglück totschweigen.

Irgendwann in diesen Stunden entscheidet sich Margot, zu handeln. Irgendwann hat sie intuitiv begriffen, daß sie den weiteren Verlauf der Sache selbst steuern muß.

Sie telefoniert. Zum ersten Mal geht sie nach außen, geht aus dem engsten Kreis der Vertrautheit hinaus und bittet um Hilfe. Sie ruft eine befreundete Bibliothekarin an, bittet sie, herauszufinden, welcher Art die Klinik ist, in der sie bereits einen Termin hat, und was über die Klinik in Herdecke zu erfahren sei.

Sie ruft Dr. M., den Internisten, an. Sie wird, gleichgültig wie die Auskünfte über beide Kliniken ausfallen, den Termin verschieben. Sie will Zeit für Informationen, Zeit für eine Entscheidung.

»Was halten Sie davon«, sagt sie zu Dr. M., »wenn ich mich entschließe, die Operation in Herdecke machen zu lassen?«

»Warum willst du nach Herdecke gehen? Das sind Anthroposophen.«

»Ich weiß.«

»Du wirst bei uns hervorragend operiert.«

»Ich werde mich darüber informieren.«

»Nach Herdecke zu gehen ist Glaubenssache«, antwortet er barsch, »tu, was du nicht lassen kannst.«

Sie ruft in Herdecke an, schildert ihren Fall, auch den Zeitdruck, unter den sie sich von den Ärzten gesetzt fühlt. Man ist freundlich, bittet sie, noch einmal anzurufen, man wolle überprüfen, wann ein Bett frei sein könnte.

Als die Entscheidung wenige Tage später feststeht, als Margot weiß, daß das von den Anthroposophen geleitete

Gemeinschaftskrankenhaus in der Krebsbehandlung einen sehr guten Ruf hat, legt sie selbst in einem Telefonat den Termin für ihre Ankunft und Operation fest, sucht die Zugverbindung von Köln nach Herdecke heraus, beginnt, Verwandte und Freunde zu informieren, ist die Aktive. Sie hat sich selbst bestimmt. Innerlich hat sie sich darauf vorbereitet, für sich selbst zu kämpfen, ohne die Bedingungen des Kampfes wirklich zu kennen.
Die Krankenhausphobie, die sie sich bei einigen Klinikaufenthalten während der Kindheit zugezogen hat, hält sie klein. Sie läßt Roland keine Wahl: Weil sie nicht will, daß er sie hinbringt, stellt sie ihn vor die vollendete Tatsache der herausgesuchten Zuganschlüsse. Sie will es selbständig tun, auf sich selbst gestellt.
Roland bringt sie am frühen Morgen, als es noch dunkel ist, zur Bahn. Begleitet sie auf den Bahnsteig und in den Zug hinein, was er sonst nie tut, erkundigt sich besorgt: »Du bist sicher, daß es der richtige Zug ist?« Margot ist sicher. Als der Zug den Bahnhof verläßt, wird es langsam hell draußen, und Margot entdeckt, daß sie tatsächlich im falschen Zug sitzt. Sie hat sich vorgenommen, um acht Uhr in der Klinik zu sein, also verwirft sie alle Umweg- und Umsteigemöglichkeiten, nimmt sich kurzerhand in Düsseldorf ein Taxi und läßt sich starrköpfig, aber selbständig nach Herdecke fahren, was mehr als hundert Mark kostet. Am 27. Oktober trifft sie dort gegen sieben Uhr fünfzig ein. Die abgerundeten Ecken im Eingang und im Foyer erinnern sie an die Schulzeit: Sechs Jahre lang ist sie in München zum Unterricht der Waldorfschule gegangen. Das gibt ihr ein Gefühl, hier vielleicht gut aufgehoben zu sein.

Die Operation, die eigentlich schon für den 28. Oktober angesetzt ist, wird um einen Tag verschoben. Margot wird

Routineuntersuchungen unterzogen: EKG, Leber mit Ultraschall, Blutuntersuchung, Röntgen des Thorax (Oberkörper). Alle Befunde sind, wie es in der Medizinersprache heißt, »negativ«, die Lunge ist in Ordnung, das Herz »schlägt wie das eines Neugeborenen«, wird ihr gesagt, im Blut fehlt nur etwas Kalium, das geht auf das Konto der Blutdrucktabletten, die sie auf Verordnung von Dr. M. seit eineinhalb Jahren nimmt, die Leber ist okay, und das Gleitmittel, das diesmal für die Ultraschallaufnahme verwendet wird, soll kein Formaldehyd enthalten; der Mediziner, den sie, ihr neuerworbenes Wissen ausspielend, deshalb befragt, weist das verwundert, aber auch etwas entrüstet zurück: »Die Salbe stellen wir selbst her. Das sind alles Naturstoffe. Wir machen das mit Glyzerin.« Das geht also auch. Warum dann in der anderen Salbe Formaldehyd?
Die Mitpatienten im Raucherzimmer, die teilweise aus den umliegenden Ortschaften eingeliefert sind und mit der weltanschaulichen Ausrichtung der Klinik nicht viel anfangen können, informieren sie über die Nachteile von Herdecke: Das »Körneressen« sei ungenießbar, und es gebe grundsätzlich keine Schlaf-, keine Abführpillen und auch keine Schmerztabletten nach der Operation; aber das Personal sei »unheimlich« nett.
Am Abend hat Margot ein erstes Gespräch mit dem operierenden Arzt, Dr. S. Er ist Münchner und beteuert, kein Anthroposoph zu sein. Sie hat ihn nicht danach gefragt. Sie hat sich nur nach seiner Einstellung zur Brustkrebsoperation erkundigt. Sie insistiert auf einer Antwort. Das kostet Zeit.
Eigentlich ist nur eine gewisse Zeit für die Vorgespräche mit Patienten vorgesehen. Sie hat diese längst überzogen, das wird nicht gesagt, aber angedeutet. Man legt ihr das Formular vor, mit dem sie in alle operativen Maßnahmen einwilligen soll. Margot bittet sich Lese- und Bedenkzeit

aus. Sie nimmt das Blatt an sich und ist dankbar, daß Dr. S. am nächsten Tag, am Abend vor der Operation, die am 29. Oktober stattfinden soll, zu einem zweiten Gespräch bereit ist.
Am Vormittag des 28. Oktober beginnt sie mit ihren Eintragungen ins Tagebuch.

28. Oktober 1987

Gestern morgen, am 27. also, eingeliefert. Nein, nicht eingeliefert. Oder doch: Ich habe mich selbst eingeliefert. Ausgeliefert?
Während ich das schreibe, steht ein junges Paar im beigefarbenen Linoleumflur der chirurgischen Station. Hand in Hand. Sie kräftiger als er. Auf mich wirken sie wie verloren.
Ich wollte es allein tun. Ich wollte nicht hierher begleitet werden. Kein Abschiednehmen. Kein Erschrecken für den, der mich hier zurückläßt, über die Autobahn in den Alltag fährt und den Bildern im eigenen Kopf ausgeliefert ist.
Nein, freiwillig habe ich es nicht getan.
Ich bin nicht freiwillig hier auf der Chirurgischen. Ich wurde dazu getrieben. Die Hysterie kam von außen. Panikmache.
Auf der Gegenseite die Angst. Die eigene. Das Grübeln. Abschätzen von Chancen – Überlebenschancen: wie lange, wenn ich die Augen einfach vor den Tatsachen verschließe? Wie lange, wenn ich sie schneiden lasse?
Schneiden.
Lassen. Zulassen. Gewährenlassen. Mein Gott! Den es für mich nicht gibt.
Jahrelang schon Angst gehabt vor diesem Tod, der in meiner Familie haust. Er hat sich eingenistet. Jetzt der Gedanke: warum ich?
»Ich hätte mir nicht träumen lassen, tatsächlich in diese Situation zu geraten«, habe ich am Abend vor unserem Abschied zu Roland gesagt. Wir schlafen Körper an Körper geschmiegt. Ich schlafe gut.
Ehe ich mich am Morgen anziehe, umarme ich ihn nackt. Ich zögerte erst. Dann ging ich zu ihm. Er rührt mich seit

vierzehn Tagen nicht mehr an, seit die Diagnose vom dritten Arzt bestätigt wurde. Er ist erschreckt.
An diesem Morgen: noch einmal die heilen Brüste. Er soll sie liebevoll betrachten, vielleicht streicheln. Sie anlächeln. Gute Wünsche mit auf den Weg geben.
Diese Brüste, die ich erst bei ihm als Körperregion der Liebe akzeptierte! W., mit dem ich achtzehn Jahre zusammenlebte, der der Vater meiner beiden Töchter ist, durfte sie nur selten anfassen.
Darin soll nun also das Übel sitzen.

Ich frage. Seit vier Wochen verlange ich Zeit von den Ärzten, um Fragen zu stellen. Aber es gibt keine präzisen Antworten. Die Auskünfte sind vage.
Die übliche Gegenfrage der Ärzte hat mich gestern in Rage gebracht. Auch der Chirurg, der mich operieren wird, erkundigte sich, wie mein Partner zur Brustamputation stünde.
Darum geht es nicht. In erster Linie geht es nicht darum, wie Roland reagiert.
Hier geht es um mich!
Wie schwer ist es gewesen, sich an diese Brüste zu gewöhnen und sie schließlich zu lieben. Wie habe ich sie als Kind gehaßt, als ich viel zu früh einen Busen hatte und die anderen nicht. Sie machten mich zum Gespött. Mit zwölf mußte ich die abgelegten Büstenhalter meiner Tante tragen. Alle Versuche, trotz dieses Busens in der Kindheit zu bleiben, scheiterten kläglich. Damals ging es um mich.
Heute geht es um mich.
Ich bin diejenige, die mit mir leben muß.
Das Leben, das mein Leben ist. Was ist das eigentlich?
Roland gehört in mein Leben. Unsere behutsame Zärtlichkeit im Umgang miteinander, im Schlafzimmer, beim Zubereiten des Essens, beim Arbeiten.

Was gehört sonst noch dazu?
Ich scheine es nicht genau zu wissen. Ist es die Sehnsucht, irgendwo im Süden zu leben? Ja, das auch.
Was ist mir wichtig? Die erwachsenen Töchter sind es. Der Enkel ist es. Roland. Ich bin es.
Und dann diese Neugierde. Ich bin immer neugierig gewesen. Neugierig, wie das Leben weitergeht.
Ja, und? Mehr nicht?
Diese Unordnung im Kopf! Die Unordnung der Gedanken. Die der Gefühle.
Ich könnte die Unordnung ordnen und neu beginnen. Lernen, tatsächlich autonom zu sein. Keine Einsamkeit mehr zu empfinden, wenn ich allein durch fremde Städte laufe, kein Unbehagen mehr, allein ein Lokal zu betreten. Keine Angst mehr vor der Einsamkeit?
Das könnte mir Spaß machen.
Ich könnte lernen, ganz andere Bücher zu schreiben.
Ich könnte endlich erfahren, wie ich wirklich bin.
Auch das könnte mir Spaß machen, hätte ich eine Chance.
Habe ich keine?
Welche Chance hätte ich, wenn ich sie nicht schneiden ließe? Wie entwickelt sich dann das Übel? Wenn es ein Übel ist. Krebs sei das Böse.
Krebs ist nicht »das Böse«. Krebs ist übel. Ein Übel. Auch das ist ungenau. Diese Ungenauigkeit macht mir Schwierigkeiten. Alles scheint unpräzise zu sein.
Ist das Verzagtheit? Schwäche? Ich bin doch stark gewesen?
Gewesen?
Ich bin es doch!
Eingeliefert also und ausgeliefert.
Eingeliefert wohl, weil der Taxifahrer für mich die Aktionen übernahm: Im Ort fragen, wo die Klinik zu finden ist. An der Einfahrt zur Klinik den Rufknopf betätigen, bis

sich die Schranke hebt. Das ist: einliefern. Mit meinem Einverständnis. Aber schon lange nicht mehr freiwillig. Nicht mehr seit dem ersten Arztbesuch. Auch vorher sicherlich nicht. Die Furcht vor der Krankheit gab es schon früher.
Zurück. Ich muß mich entscheiden. Ich muß Ordnung in meinem Kopf schaffen.
Soll ich zulassen, daß sie die Brust amputieren?
Oder: nur den Knoten herausschneiden?
Niemand nimmt mir diese Entscheidung ab.
Glücklicherweise!
Stell dir vor, sie könnten, sie würden dich zwingen wollen!
Nein, jetzt keine Imaginationen. Den Kopf klarhalten. Die eingesammelten Informationen sortieren.
Bei Amputation:
Die Möglichkeit der Metastasenbildung soll geringer sein.
In einem Jahr erhältst du eine Ersatzbrust. Schön, aber ohne Empfindung.
Ein Jahr ist keine lange Zeit.
Du bleibst jedoch in der Obhut von Ärzten und Krankenhaus.
Du kannst aber ein größeres Gefühl von Sicherheit haben.
Die heimliche Angst nimmt dir keiner.
Bei Knotenentfernung und Brusterhaltung:
Die Möglichkeit der Metastasenbildung soll groß sein.
Die Brust bleibt, wenn auch ramponiert.
Bleibt sie empfindungsfähig?
Die Angst bleibt.
Läßt sie sich unterkriegen?
Nie mehr Ärzte und Krankenhaus?
Was bleibt an Lebenszeit? Fünf Jahre, zehn Jahre, fünfzehn Jahre, zwanzig? (Dann bin ich erst vierundsechzig.) Oder: nur zwei? Oder: wie durch ein Wunder uralt werden.

Uralt.
Uralt und lebenslustig.
Das möchte ich sein!
Sich vom Leben fordern lassen.
Herausfordern. Das Leben als Herausforderung.
Nur leben, weil du dich herausgefordert fühlst? Mehr nicht? Es würde genügen.
Seltsam, daß ich keine Leitlinien fürs Leben habe, keine Erwartungshaltung, keine Zielvorstellung.
Einfach nur leben. Hoch und Tief erleben und die Langeweile. Ein einfaches Lebensmuster. Ein Mangel an Bewußtheit?
Bewußtheit habe ich erst in den letzten Jahren zu lernen begonnen.
Die sechs zurückliegenden Jahre seit meiner Trennung von W. waren wie ein glückliches Aufatmen.
Aus einem Tunnel ans Tageslicht gekommen, aufgerichtet, die Arme gestreckt und den Leib; den ganzen Leib, der schon dabei war zu altern. Dem Tunnel entkommen und aufgerichtet, tief durchgeatmet, staunend die Welt außerhalb betrachtet, mehr betrachtet als erforscht. Staunend und zögernd versucht, mich außerhalb des Tunnels zu bewegen.
Sechs Jahre lang. Sechs Jahre nichts anderes getan, weil ich kein anderes Bedürfnis hatte. Sechs schöne Jahre. Manchmal, gelegentlich, mehr Glücksempfinden, als ich glaubte, es sei zulässig.
Im Hinterkopf die Furcht, das Glück mit Unglück bezahlen zu müssen. Diese Furcht hat sich erst im vergangenen Jahr abgeschwächt.
Zurück zur Entscheidung.
Ein wichtiger Punkt ist: Welche medizinische Alternative verspricht mehr Lebenslust?
Lebenslust läßt sich auch mit einer Brust empfinden.

Wie lange, bis dort Krebs auftritt?
Wie lange, bis es zu Rezidiven kommt? Wie lange bis zur Metastasenbildung?
Lebenslust, bis sie mich doch zu radikalen Operationen überreden?
Bis der Krebs unheilbar ist?
Überreden lasse ich mich nicht.
Ein anderer Punkt ist mein Bedürfnis nach Unabhängigkeit. Das hatte ich schon als Kind, später ging es verloren, bis ich es wiederfand. Ich will nicht abhängig werden von Ärzten und Kliniken.
Abhängig sein, das wäre, über Jahre hinaus behandelt zu werden.
Chemotherapie, zum Beispiel.
Jedes Jahr eine neue Operation, zum Beispiel.
Untersuchungen.
Kontrollen.
Wäre die Alternative, lieber gar nichts wissen zu wollen?
Ich weiß nicht.
Dann dürfte ich nie mehr auf meinen Körper horchen.
Nein, nicht verdrängen.
Den Willen aktivieren. Den Willen, den Krebs kleinzukriegen (im wahrsten Sinne des Wortes)! Wenn er überhaupt vorhanden ist. Ihn als Gegner akzeptieren. Den Kampf aufnehmen. Nicht aufgeben.
Aber: ohne Abhängigkeiten. Das ist, denke ich, für mich lebenswichtig.
Die Entwicklung in unserer Gesellschaft deutet darauf hin, daß wir eine Gesellschaft von Krankenhausbenutzern werden. Ich will nicht dazugehören. Ich will nicht!
Lebenszeit läßt sich nicht ins Unendliche verlängern.
Jetzt zu sterben ist zu früh. Ich fange gerade erst an, mich in meinem Leben zurechtzufinden.
Wird das Todesrisiko bei einer Amputation geringer?

Angeblich: ja. Um fünf bis sieben Prozent.
Angeblich.
Mit Nachbehandlung wird eine Amputation wohl Abhängigkeit von Arzt und Klinik für ein Jahr bedeuten. Es sei denn, der Tumor ist so bösartig, daß er sich sofort an einer anderen Stelle des Körpers einnistet. Dann müßte ich auch mit einer Amputation jahrelang leiden.
Lieber tot?
Ich weiß es nicht.
Warum weiß ich das alles nicht?
Warum gebe ich mich nicht damit zufrieden, einfach nur zu überleben, egal wie? Warum will ich auch noch unabhängig leben?
Ich weiß nur eins: Ich will selbst entscheiden können; selbst steuern; mich nicht bestimmen, nicht treiben lassen; nicht länger ausgeliefert sein, als unbedingt nötig.
Ich frage mich, warum ich hier in diesem Krankenhaus bin, für morgen zur Operation vorgesehen. Habe ich mich unnötig verrückt machen lassen? Lasse ich nur operieren, um zu wissen, woran ich bin? Statt operieren zu lassen, um eine Heilungschance zu haben? Das wäre doch auch eine Möglichkeit.
Heilungschancen gibt es aber auch bei einer brusterhaltenden Operation, wenn sie nur den Knoten herausschneiden.
Das Risiko ist größer. Fünf bis sieben Prozent.
Wie ich mich wehre, das Leben zu verlieren!
Im Grunde wäre es schön, von einem Augenblick zum anderen zu sterben. Auch jetzt. Danach wäre alles gut. So bleibt der verdammte Widerstreit von Kopf und Bauch, Verstand und Gefühl, Intellekt und Instinkt.
Ich liebe meinen Instinkt. Ich liebe mich selbst. Was ist das für eine Ungeheuerlichkeit, die mir in meiner Brust widerfährt?

II
Die Operation

Am Abend vor der Operation ein zweites Gespräch mit Dr. S., dem operierenden Arzt.
Margot verweigert die Amputation. Der Arzt will sie umstimmen, appelliert an ihre Vernunft, schließlich auch an den Rollenreflex der Frau. »Wenn Sie *meine* Frau wären«, sagt er, »würde ich darauf bestehen, die Brust zu entfernen.«
Was für ein Glück, denkt Margot, nicht seine Frau zu sein.
Sie setzen sich heftig auseinander.
Bis Margot die Frage im Kopf hat: *Wollen* Sie keine brusterhaltende Operation machen, oder *können* Sie es nicht? Sie stellt diese Frage nicht. Sie will ihn nicht provozieren. Davor fürchtet sie sich. Sie ist davon abhängig, wie er morgen schneidet.
Erst sehr viel später begreift sie, daß sie an einen ganz ausgezeichneten Chirurgen geraten ist; weiß sie, daß die Auseinandersetzung, die er zuläßt, ganz außergewöhnlich ist.
Sie hat Glück, ohne zu wissen, was für ein Glück sie hat.
Auf Margots Frage spricht er von den fünf bis sieben Prozent mehr Risiko, den Brustkrebs nicht zu überleben, wenn sie auf einer brusterhaltenden Operation besteht und der Knoten kleiner als zwei Zentimeter im Durchmesser ist.
»Damit«, sagt sie, »kann ich leben.«
Sie unterschreibt die Einwilligung zur Operation mit Einschränkungen. Dr. S. darf damit nur den Knoten mit einem

Sicherheitsrand im umliegenden gesunden Gewebe herausschneiden. Sie verweigert auch den Schnitt ins Lymphdrüsengewebe, der notwendig wird, sobald Brustkrebs diagnostiziert ist. Die Diagnose findet statt, während sie in Narkose liegt. Diese Weigerung ist ein Mißverständnis. Margot hat zu diesem Zeitpunkt nicht genügend Informationen. Sie begreift nicht den Zusammenhang zwischen Brust und Lymphbahnen. Niemand hat es ihr erklärt. Vielleicht hat sie auch die Entscheidung gescheut. Vielleicht mit dem Gedanken gespielt, am Ende doch noch die Augen vor den Tatsachen zu verschließen? Die Dinge dann einfach laufenzulassen?

Im Schwesternzimmer erbittet sie sich eine Schlafhilfe für die Nacht. Ein junger Pfleger kocht Kräutertee. Der erinnert sie an die Zeit mit den Töchtern, als sie den gleichen Tee als Schlaftee abends kochte, wenn am nächsten Morgen eine Klassenarbeit zu schreiben war. Beruhigungsgesten für ihre Kinder. Zärtlichkeiten.

Am frühen Morgen werden die Achselhaare ausrasiert, später wird die Beruhigungsspritze gegeben.

Eine rundliche kleine Schwester fährt das Bett über die Flure zum OP. Sie hat Mühe, das schwere Gefährt um die Ecken zu bugsieren. Margot denkt, es würde die Sache erleichtern, wenn sie aufstünde und der anderen beim Schieben behilflich wäre. Sie ist doch nicht krank.

Noch fühlt sie sich wie in den Monaten vor der Entdeckung der Knoten. Noch ist sie gesund.

Die Schwester redet freundlich mit ihr. Sie sind alle in diesem Krankenhaus überaus freundlich und fürsorglich im Umgang mit den Patienten, deren Seele hier nicht weniger wichtig zu sein scheint als der Körper.

Vor der Tür zum OP angekommen, sind sie zu früh. Die Schwester und ein Pfleger entschuldigen sich bei Margot, daß sie im Bett auf dem Flur warten muß.

Sie kennt das. Zuletzt war es die Mandeloperation. Da lag sie in einer Warteschlange. Keiner entschuldigte sich für die Zumutung.

Eine Viertelstunde später holt der Pfleger Margot in ihrem Bett in einen Raum, der mit Geräten ausgestattet, aber ganz bestimmt nicht der OP ist. Ob sie sich immer noch hellwach fühle? Sie bejaht. Sie versucht, den Raum zu mustern, die Geräte. Er ist mit irgendwelchen Arbeiten an den Geräten beschäftigt. Sie bittet, noch wachbleiben zu dürfen. Er sagt, darüber müsse ein Arzt entscheiden. Er wird fragen. Sie hört ihn telefonieren. Als er zurückkommt, nickt er und lächelt. Sie fühlt sich gut aufgehoben.

Auf einmal hat sie eine Erinnerung im Kopf, die ist mehr als dreißig Jahre alt. Das war im Januar oder Februar 1952. In der provisorischen Zweizimmerwohnung, in der Margot damals mit ihren Eltern und der wenige Monate zuvor geborenen Schwester lebte, hatte sich ein Topf kochenden Wassers über sie ergossen. Ihr Vater begleitete sie im Krankenwagen zur Klinik. Sie hatte als Achtjährige das plötzliche Wissen im Kopf, daß sie an den Verletzungen sterben könnte. Sie hatte keine Angst. Sie hatte auch keine Angst vor der Narkose. Sie bat ihren Vater nur darum, da zu sein, wenn sie aus der Narkose erwachte. Das versprach er. Als sie aufwachte, hatte er eine Tafel Schokolade für sie hinterlassen.

Sie hat nie mehr bei einer Operation erwartet, daß irgend jemand an ihrem Bett sitzen möge, wenn sie aufwacht. Ja, sie hat es sogar verhindert. Auch diesmal.

Sie ist schläfrig, als die Kanülen für die Narkose gesetzt werden. Irgendwann ist sie ganz plötzlich eingeschlafen.

Als sie aufwacht, liegt sie wieder im Zweibettzimmer, im Nachbarbett die alte Frau, der ein Bein amputiert wurde. Draußen vor dem Fenster dunkelt es schon. Sie muß lange geschlafen haben. Der Oberkörper schmerzt. Sie fragt nach einem Schmerzmittel und wird vertröstet. Erst da bemerkt sie, daß aus den beiden Operationswunden je ein Schlauch herausführt, der die Wundflüssigkeit in zwei Flaschen tropfen läßt. Nach einer Stunde lassen die Schmerzen nach. Sie macht etwas verwundert die Erfahrung, daß Schmerzmittel nach einer Operation nicht unbedingt notwendig sind.

30. Oktober 1987

Ich habe mich entschieden: für eine brusterhaltende Operation. Und bis zum gestrigen Abend die Hoffnung, die auch die beiden Ärzte, der Stationsarzt und der Chirurg, zu teilen schienen: das alles könne auch nur ein Spuk sein, ein Alptraum, aus dem ich mit einer ramponierten Brust aufwache.

Gestern abend dann die Gewißheit.

Links war es Krebs. Die rechte Brust wurde auch teilweise »ausgeräumt«, dort jedoch nur Gutartiges.

Ganz ruhig.

Ich nehme es ganz ruhig. Scheine mich schon damit abgefunden zu haben, daß meine Lebenszeit wohl verkürzt ist.

Hoffe nach wie vor.

Aber die Jahre, die ich noch arbeiten muß, um meinen Lebensunterhalt zu verdienen, die mir bisher so lang erschienen, auf jeden Fall real waren, haben an Perspektive verloren. Ich wäre dankbar, sechzig Jahre alt zu werden und die Zeit ohne zu große Beeinträchtigungen verbringen zu können.

Es wäre ein schönes und glückliches Leben.

Ich will es leben.

Solange es geht.

Ich nehme die Herausforderung an. Den Kampf auf.

Aber nicht um jeden Preis.

Jetzt muß es Schritt für Schritt weitergehen. Die Nachtherapie.

Aber auch: Überlegungen, eine verkürzte Zukunft einzuteilen. Außerdem: Jetzt schon Informationen für einen einfachen Selbstmord einholen.[7] Zielstrebig damit beginnen, den Traum vom Süden zu verwirklichen: a) Italienisch lernen, b) mich um eine Wohnung dort kümmern.

Die Dinge realistisch sehen, nüchtern angehen und: das Leben soweit wie möglich genießen. Positiv denken. Positiv fühlen.
Nicht erschrecken.
Woran liegt es, daß ich nicht erschrecke? Daß ich so gut damit klarkomme?
Liebevoll habe ich heute morgen am Waschbecken meine beiden pflasterbeklebten Brüste betrachtet. Soviel Zärtlichkeit habe ich noch nie für sie empfunden.
Gestern abend, als ich erfuhr, daß es Krebs ist, redete ich mit dem Arzt, als ginge es um eine andere Patientin. Die Situation selbst, in der er mir die Nachricht brachte, entbehrte nicht einer gewissen Komik – wie oft in meinem Leben.
Ich lag, an Schläuche angeschlossen, flach im Bett. Der Arzt setzte sich auf die Bettkante. Ich mußte zu ihm aufblicken, wollte aber auf gleicher Augenhöhe mit ihm sprechen und bat ihn, das Kopfteil höher zu stellen. Er gab sich Mühe, stellte aber nur das Fußteil hoch, meinte dann, um Souveränität bemüht, die Füße müßten ohnehin hochliegen, und griff nach einem anderen Hebel an diesem Krankenhausbett. Das trieb die Konstruktion endgültig in den Zusammenbruch, das Bett sackte schräg nach unten. Er rief keine Schwester. Er versuchte, die Sache selbst in Ordnung zu bringen, hantierte an Hebeln, die ich nicht sehen konnte. Es gelang ihm, mich in die Ausgangslage zurückzubringen. Allerdings vermied er es, sich noch einmal auf die Bettkante zu setzen, stand nun am Fußende und erzählte, daß der Tumor zweieinhalb Zentimeter groß gewesen sei. Er habe ihn mit einem Umfeld von einem halben Zentimeter gesunden Gewebes herausgeschnitten. Eigentlich hätte er nach diesem Befund die Brust amputieren müssen, aber dazu hätte ich ja die Unterschrift verweigert. Erste Gewebsanalysen wiesen darauf hin, daß es sich um einen rela-

tiv aggressiven Tumor handle. Vielleicht sollte ich doch noch einmal überlegen?
Am Abend vor der Operation hatte er gesagt: »Wenn Sie meine Frau wären, würde ich auf der Amputation bestehen.«
Er stützte sich auf den Fußteil des Bettes. Das Bett sank wieder nach unten, und diesmal rief er nach einer Schwester. Mein Leben scheint ohne lächerliche Situationen nicht auszukommen – aber der Begriff »lächerlich« trifft es nicht. Ich konnte mir ein Lachen nicht verkneifen, als das Bett zum zweiten Mal zu Boden ging. Und das Lachen tat gut.

Heute nachmittag erwarte ich Roland. Ich freue mich auf ihn.
Seit heute morgen bin ich auf. Rauche wieder. Laufe mit meinen beiden Dränageflaschen herum; habe mir im Klinikkiosk eine Zeitung gekauft; habe im Flur den Narkosearzt erwischt, der mir vor der Operation versicherte, sie würden ein anderes Narkosemittel verabreichen, nicht das aus Curaregift, das mir bei der Mandeloperation vor siebzehn Jahren einen Muskelkater erster Klasse bescherte. Triumphierend wies ich ihn darauf hin, daß ich auch diesmal wieder Muskelkater habe.

Sollte ich Roland verlieren, werde ich trauern.

Roland war hier. Sehr lieb. Sehr ängstlich. Kummer im Gesicht. Das macht mich unsicher.
Ist mein Optimismus gerechtfertigt? Mache ich mir etwas vor?
Jetzt, abends, allein und endlich im Einzelzimmer: zum ersten Mal Trauer über das, was mir widerfährt. Trauer und etwas, das tiefer sitzt. Angst, denke ich, ist es nicht. Ähnliches.

Zorn?
Ich werde üben müssen. Üben, den Augenblick zu leben. Nicht zuviel über mich zu reden. Vor allem nicht zu Roland. Das hatte ich mir vorgenommen, dann habe ich doch zuviel gesagt. Nicht nur von dem Gefühl gesprochen, jetzt einen Freibrief für den Rest meines Lebens zu haben, eine ungeahnte Freiheit, die zu nutzen ich lernen will.
Auch davon, daß ich endlich die Schuldgefühle los bin, die, die mich sechs Jahre quälten, weil ich W. schließlich verlassen, ein neues Kapitel meines Lebens angefangen habe, ohne Rücksicht auf den Rest der Familie. Katholisches Denken von Schuld und Sühne? So tief sitzt das?
Aber nun, denke ich, ist es auch genug mit der Sühne!
Sie muß nicht weitergehen.
Bitte: nicht!
Wenn ich zurückblicke, sehe ich, ich habe mein Leben richtig eingerichtet. Es war richtig, die beiden Töchter zur Welt zu bringen. Richtig, sie unter Mühen großzuziehen. Und es war richtig, zu gehen, als Roland auftauchte. Das Leben mit ihm: Es war richtig. Schön war es. Es soll so bleiben, wenn er es ertragen kann.
Heute hat A.[8] Geburtstag! Sie wird 25. Eine lange Zeit. Eine kurze. Auf jeden Fall: Zeit, die ich nicht anders verbracht haben möchte.
Es war gut so.
Es war die Herausforderung, der ich gewachsen war. Ich habe sie gemeistert.
Ich will auch die neue Herausforderung meistern!

31. Oktober 1987

Heute ein Tag des seelischen Ungleichgewichts. So etwas wie latente Angst.
Nein, nicht latent.
Angst, die tief innen sitzt.
Trauer.
Ich lese, was ich vor der Operation schrieb: Unsicherheit, ob das, was ich notierte, nicht doch auf eine andere Entscheidung hinweist; ob ich mich nicht doch zur Amputation hätte entschließen sollen.
Aus der Unsicherheit heraus das Bedürfnis, mit einem Arzt zu sprechen, aber es gibt samstags keine Visite, nicht auf unserer Station 4a. Ich beneide die Patienten von 4b.
Informationen über die Vorgänge auf den anderen Stationen werden im Raucherzimmer ausgetauscht. Eine Einunddreißigjährige wurde gestern der gleichen Operation unterzogen: Probeschnitt. Bei ihr war der Knoten gutartig.
In den Wochen vor der Operation muß sie ähnliche Erfahrungen gemacht haben wie ich; innere Ängste und äußere Ratlosigkeit; Machoreaktionen der Ärzte.

Gestern mit A. telefoniert. Sie will mich besuchen, wenn die Diagnose für Luciens Knie wie die Ärzte sagen »negativ« ausfällt, wenn der kleine Kerl also keinen Knochenkrebs hat.[9] Auch diese Sache macht Angst. Nein, nicht Angst. Erschrecken.
Schrecken wegen des Übels, das in dieser Familie sitzt.
Der Kleine wird am 18. November erst ein Jahr alt!
Ich könnte mir vornehmen, zu recherchieren, wieviel Strahlung in den vierziger und fünfziger Jahren als Regen dort niederging, wo ich aufwuchs. Wahrscheinlich genausoviel, wenn nicht mehr als beim Reaktorunfall in Tscherno-

byl im April 86. Ich könnte aufbauen auf der Spekulation, daß die Strahlung aus den beiden über Japan abgeworfenen Atombomben und den überirdischen Testzündungen der USA, der UdSSR und Frankreichs dazu geführt hat, daß ich jetzt mit der Gewißheit, Krebs gehabt zu haben, leben muß.
Krebs gehabt zu haben.
Das ist wichtig!
Jetzt nicht Angst um Lucien haben! Das Ergebnis abwarten.
S.[10] ruft nicht an. Das irritiert mich. Hat sie Angst vor der Wahrheit? Ich neige dazu, an ihre Angst zu glauben. Aber es irritiert mich sehr.

Heute wurden die Dränageschläuche gezogen. Die Wunden sind genäht. Die Brüste sehen beileibe nicht verwüstet aus.
Bei Leibe nicht!
Der Körper ist schön.
Mein Körper ist schön.
Ich bin gesund.
Das Übel ist herausgeschnitten.
Nur nicht in den alten Trott des Treibenlassens zurückfallen! Nicht von der Trauer treiben lassen. Nicht von dieser seltsamen Angst. Wenn es Angst ist.
Was immer es ist: nicht davon abschwemmen lassen. Abschwemmen und am Ende stranden. Am Ende Strandgut. Strandgut ist Abgetriebenes.
Ich treibe nicht ab.
Ich bin doch in mir selbst verankert.
Nein, nicht daran zweifeln!
Die Dränageschläuche wurden von einem Krankenpfleger und einer Krankenschwesternschülerin gezogen. Es zischte aus den Wundlöchern heraus, als entweiche Luft. Es tat

weh. Das Zischen war unangenehm. Aber auch komisch. Unangenehm wie Mehl zwischen den Fingern oder quietschende Kreide auf einer Tafel.
Danach: keine Schmerzen mehr im rechten Arm. Fast überhaupt kein Wundschmerz mehr.

Ich freue mich auf Rolands Anruf. Ich sehne mich danach.

Heute vormittag rief meine Mutter an. Natürlich weiß ich, daß sie Angst hat. Ich kann mir vorstellen, wie schwer es für sie sein muß, damit fertig zu werden. Damit? Mit der Tatsache, daß ihre älteste Tochter noch früher als sie seinerzeit an Krebs erkrankt war (nicht: ist!). Aber: sie verdrängt. Und ihre Art der Verdrängung, die ich nicht definieren kann und auch nicht definieren will, bedrängt mich. Ich muß raus aus dieser Art der Selbstfindung über die Mutterdefinition. Ihre Art der Verdrängung ist mir unangenehm und treibt mich dazu, Stärke vorzuspiegeln.

Es ist nachmittags gegen vier. Alle Tische in der Krankenhaus-Cafeteria sind besetzt. Besucher und Patienten trinken Kaffee, essen Kuchen. Eine junge Mutter mit Sohn und Schwarzwälderkirschtorte setzt sich zu mir an den Tisch. Der Junge, er mag sechs oder sieben Jahre alt sein, ist blaß, weißhäutig, eine Haut beinahe wie lichtdurchlässiges Pergament, ein Flaum hellblonder, wahrscheinlich gerade wieder nachwachsender Haare. Sein Gesicht wirkt weise und gefaßt, als hätte ihn das Leben und nicht die Krankheit geprägt. Ich vermute: Chemotherapie. Ich fürchte mich vor all dieser Grausamkeit.

1. November 1987

Katharsis.
Der reinigende Prozeß im Innern.
Auch: Klarheit gewinnen? Den Kern des eigentlichen Ich finden?
Heute: ein Tag wie der Himmel draußen. Allerheiligen. Nebel. Das Licht trüb. Ich falle in ein schwarzes Loch.
Auf dem Flur ein Gespräch mit Dr. S. Er will noch eine Mammographie machen und doch noch an die Lymphdrüsen. Ich gerate in Aufruhr. Panik?
Ja. Panik.
Weinen.
Keine Wut mehr.
Hilflose Depression.
Hilflosigkeit.

Heute nacht habe ich Träume verdrängt. Krankenhausträume. Ich verbiete es mir, ausgedachte Grausamkeit zu träumen, mache mir selbst ein Verbot daraus.
Gegen Morgen, noch vor dem Blutdruckmessen gegen sechs Uhr, im Halbschlaf ein Gedanke über den Gott, den es für mich nicht gibt. Wenn überhaupt, sage ich mir, gibt es für mich nur eine Göttin. Es müßte eine Göttin geben. Meine eigene. Eine, die mir nahesteht. Eine, die mich nicht verläßt.
Das Grundthema jeder Angst: verlassen zu werden.

2. November 1987

Gestern die Angst.
Heute wieder vorstellbar: das Leben mit sechzig.

Euphorie?
Begründet?
Unbegründet?
Worauf denn gründen? Nichts läßt sich ohne Risiko planen und durchführen; das Leben nicht, nicht die Krankheit.
Auch die Millionen, vielleicht Milliarden, die für die Krebsforschung ausgegeben werden, ermöglichen es nicht.
Also: realistisch denken. Keine Spekulationen.
Hirngespinste nur für Lebensbruchteile erlauben, für solche, die kreativ sind, die aufbauen.
Nicht vergessen, was ich mir vorgenommen habe; z. B. Italienisch lernen. Die erste Zielsetzung.
Nicht vergessen: mich keinem Ehrgeizstreß mehr unterwerfen. Die zweite Zielsetzung. Ich meine auch berufliche Auftritte, die den Adrenalinspiegel hochjagen, Lampenfieber mit Schweißausbrüchen. Also: nichts mehr, dem ich mich nicht gewachsen fühle. Nur auf bekanntem und sicherem Terrain bewegen. Keine Souveränität mehr aus Ehrgeiz aufs Spiel setzen. Den Ehrgeiz nur noch über den Leisten scheren, der meiner ist, auch wenn ich kein Schuster bin.[11]
Nicht vergessen: Recherchen über die Zusammenhänge zwischen nuklearer Verseuchung und Zunahme von Krebserkrankungen anstellen. Die dritte Zielsetzung.
Vor allem nicht vergessen: Ich habe einen Freibrief für den Rest meines Lebens.[12] Zumutungen muß ich nicht mehr akzeptieren. Ich muß sie deshalb nicht mehr akzeptieren, weil ich mich nicht mehr auf Jahrzehnte hinaus mit diesem Leben arrangieren muß; weil ich mich nicht mehr zukunftplanend auf diese Gesellschaft einlassen muß; nicht mehr anpassen muß.
Nicht mehr akzeptieren.
Nicht mehr sich einrichten.

Nicht mehr sich einlassen.
Nicht mehr anpassen.
Nicht mehr Zukunft planen.
Das Leben ist überschaubar geworden.
Das tut gut.
Ja, es ist die wichtigste Zielsetzung: sich nach diesem Wissen zu verhalten. Eine Zielvorstellung.
Es gibt sie nicht, die unendliche Lebenszeit. Lebend gibt es keine Unendlichkeit. Daran zu glauben war ein Mißverständnis.
Heute meine ich zu wissen, daß diese Operation wichtig war. Sie ist selbst eine Heilungschance. Weil sie mich verändert. Ich habe den Kampf aufgenommen. Ich will leben!
Mit Lust will ich leben!
Heute mittag habe ich beide Brüste, noch nicht verheilt und noch verpflastert, in beide Hände genommen; sie sind noch immer mehr als meine Hände voll.

Heute abend: Gespräch mit Dr. S. Wir scheinen zu größeren Verständigungsmöglichkeiten gefunden zu haben, lassen uns gegenseitig auf die Position des anderen ein. Ich gebe meine Zustimmung zu einer zweiten Operation.
Es geht um die Lymphdrüsen. Er hat es mir einleuchtend erklärt. Wenn sie krebsbefallen sind, wurden aus der Brust bereits Krebszellen gestreut.
Zum ersten Mal ist von einem Zeitraum die Rede, davon, daß sich Metastasen innerhalb des kommenden Jahres, spätestens im zweiten Jahr nach der Operation bilden, sofern die Lymphdrüsen bereits befallen sind.
Sind sie nicht befallen: aufatmen.
Wahrscheinlich muß ich mich dann auch keiner Bestrahlung unterziehen.

Ich beharre heute abend auf meinem Reisevorhaben. Anfang Dezember will ich nach Puerto Rico fliegen.[13]
Dr. S. erzählt vom Lederfärben, das er in einer Wüstenoase gesehen hat. Eigentlich sprechen wir darüber, wie Krebspräparate behandelt werden.
Sehnsuchtsziele.
Bilder, die aus knappen Sätzen entstehen: das der Oase, der Wüste, das der Farben und des Leders.
Außerdem habe ich heute damit begonnen, wieder zu arbeiten, habe wegen der Writers-in-Prison-Veranstaltung[14] am 10. November in Köln telefoniert und zwei Briefe wegen einer eventuellen P.E.N.-Gründung in Nepal geschrieben.

3. November 1987

Roland war hier – er wirkt müde, aufgeschwemmt; trinkt zuviel, schluckt Beruhigungsmittel. Ich suche nach ihm. Nach Energie, nach seiner Vitalität, seiner Zuversicht.

Gespräch mit Frau Dr. T. Sie ist die Onkologin der Klinik, betreut die Krebspatienten. Überraschenderweise beharrt sie nicht auf dem anthroposophischen Aspekt der Nachbehandlung. Was sie sagt, wirkt abwägend. Immer wieder legt sie die Betonung auf eine Strahlentherapie, stärker als auf die Behandlung mit Iscador[15], dem Mistelpräparat, oder auf eine Krebsdiät[16], die hier in der Klinik x-Diät genannt wird. Zu ihr, meine ich, kann ich Vertrauen haben.
Danach Besuch der Ärzte: Dr. S. in Vorbereitung auf die Operation, die morgen durchgeführt wird. Dr. F. wie üblich wegen der Narkose.

»Ist es eigentlich in Ordnung«, frage ich Dr. S., »daß ich mich von Tag zu Tag schwächer fühle?«
Er lächelt. »Nein. Aber das hat bestimmt keinen medizinischen Grund. Sie bekommen den Krankenhauskoller. Kein Wunder. Sie wollten unbedingt ins Einzelzimmer, statt in einem Zweibettzimmer zu bleiben, wo Sie Ablenkung durch eine Mitpatientin haben. Ohne Ablenkung steigen Depressionen von ganz tief unten auf. Im Gefängnis wäre das Folter, und Sie begeben sich freiwillig in Einzelhaft.«

Ich bin heute abend nervös, werde erst ruhig, als A. anruft und mir sagen kann, daß Lucien keinen Knochenkrebs hat.
Was für eine Erleichterung, daß diese Krankheit, das Übel, dieser Schrecken vor meinem Enkel haltgemacht hat!

Eben (22 Uhr) kam Johannes, der Nachtpfleger, herein. Er muß bemerkt haben, daß ich entgegen meinem sonstigen Ritual vor dem Schlafengehen (ein Pikkolo, zwei letzte Zigaretten auf dem Balkon) noch allein im Raucherzimmer saß.
»Ich wollte fragen, wie Sie sich fühlen?«
»Danke, ein bißchen nervös, aber es wird schon gehen.«
»Klingeln Sie ruhig, wenn Sie nicht schlafen können.«

Es tut gut, von der Nervosität zu schreiben, die eigentlich Furcht ist. Nicht Angst. Furcht, sie könnten morgen doch Krebs in den Lymphknoten finden. Furcht, den Kampf nicht gewinnen zu können. Schon am Ende angekommen zu sein, ohne es bemerkt zu haben.
Warum hätte ich es bemerken sollen? Ist es nicht besser so, wenn es so ist?
Nicht blockieren! Nicht die Gedanken über das eben Geschriebene wegdrängen.

Nicht abdrängen!
Überhaupt nicht drängen.
Einen Schritt nach dem anderen gehen und unumstößlich wissen, daß irgendwo der Abgrund ist. Irgendwo. Vielleicht noch weit entfernt. Dann sind noch große Strecken Schritt für Schritt zu überwinden.
Den Willen nicht brechen lassen. Nicht die Kraft verlieren.
Heute der Gedanke: In vier Wochen bin ich in der Karibik. Ich werde dort sein. Das lasse ich mir nicht nehmen (und wenn sie ihre Kobaltbombe auf den Kopf stellen!). Nicht nehmen und nicht ausreden lasse ich mir das. Auch nicht von Freunden, die überrascht reagieren. Hinter der Überraschung ein Zögern. Denken sie darüber nach, ob ich noch zurechnungsfähig sei?
Was macht es?
Die Vorstellung, in vier Wochen trotz aller Operationen und Befunde dort zu sein, wohin ich reisen wollte, noch ehe ich etwas von meiner Krankheit wußte, ist vielleicht abenteuerlich.
Aber Abenteuerlust ist Lebenslust. Die Lust am Leben. Die Lust, am Leben zu bleiben. Im Kopf ein Bild: sich anklammern ans Leben wie an die Außenbordwand des Segelbootes. Ich war zehn oder zwölf Jahre alt, als ich mit meinem Vater segelte und wir in einen Sturm gerieten. Er seilte mich an, ehe ich über die Bordwand kletterte und mit meinem Gewicht ein Kentern verhinderte.
Ich muß an die junge Frau denken, die mir von Wolke Nr. 7 erzählte. Wir saßen allein im Raucherzimmer. Die anderen lagen in ihren Betten beim Fernsehen. Es war dunkel, und wir machten kein Licht an. Sie ist mit Rückenmarksnarkose an einer Darmfistel operiert worden. Sie trägt einen langen Hausmantel aus grünem Samt und sieht auch tagsüber aus wie ein ins Leben gefallenes Schneewitt-

chen. Blasse Haut, sehr weiß, ein langgezogenes, leidendes Gesicht mit einem scharfen Zug um den Mund, rote Haare, ein magerer, sehr dünner, ja, dürrer Körper. In sich verschlossen.
Sie lag auf dem Operationstisch, als sie den Ärzten sagte:
»Ich fühle mich wie auf Wolke Nummer 7.«
»Welche Farbe hat die Wolke denn?«
»Weiß ich noch nicht. Muß ich erst gucken.«
»Ist es schön auf der Wolke Nr. 7?«
»Wunderschön. Wenn ich jetzt die Arme ausbreite, könnte ich einfach davonfliegen.«
»Haben Sie die Farbe inzwischen herausgefunden?«
»Ja, natürlich. Sie ist kariert. Die Wolke Nr. 7.«
Nach der Operation erhält sie auf Wunsch eine »Freifahrt«: Der Narkosearzt läßt sie mit dem Operationstisch ab- und wieder aufwärtsfahren, weil ihr das »so ein schönes Gefühl macht«.

Ich werde jetzt versuchen zu schlafen.

III
Schmerz und Trotz

Sie hat die Notwendigkeit eingesehen.
Sechs Tage nach der ersten Operation unterzieht sie sich der zweiten. Ein Schnitt von etwa zehn Zentimeter Länge seitlich von der linken Achselhöhle soll eine Kontrolle der Lymphdrüsen dort auf Krebsbefall ermöglichen.
Die Prozedur zur Operationsvorbereitung läuft erneut ab. Auch die linke Achsel wird noch einmal ausrasiert. Es ist nur ein Haarflaum.
Diesmal entkommt sie der Betäubung durch die Narkose früher als bei der ersten Operation. Noch auf dem Weg vom OP über die Flure weint sie sich wach. Sie hört, zuerst wie aus der Entfernung, das eigene Schluchzen, spürt dann die Hand der Schwester, die das Bett schiebt, zärtlich über ihr Gesicht streicheln.
»Es ist ja alles vorbei. Es ist ja alles gut«, sagt sie. Margot fühlt die Tränen auf der Haut.
Die zweite Operation nimmt sie mehr mit als die erste.
Noch ehe sie in den OP gefahren wurde, hat sie das Telefon auf die rechte Seite des Bettes gestellt, weil sie wußte, daß sie den linken Arm nach der Operation nicht ohne große Schmerzen würde bewegen können. Sie wartet sehnsüchtig auf Rolands Anruf. Diesmal gesteht sie sich auch zu, am Telefon zu weinen. Sie hat das Gefühl, am Ende zu sein.
Stunden später, um Mitternacht, beginnt sie, sich wieder in den Trotz hineinzureden. Für sie ist er lebensnotwendig. Nichts als Notwehr.

5. November 1987

Die Lust am Leben!
Heute rührt sie sich wieder ein wenig. Draußen ist Vollmond.
Gestern also die zweite Operation: Entfernung von Lymphknoten unter der linken Achsel. Eine sogenannte (so nannten sie es) »Sicherheitsoperation«.
Da der Tumor, der in der linken Brust entfernt wurde, zur Kategorie der mittelschnellwachsenden zählte, sollen nun die Lymphdrüsen auf einen eventuellen Befall geprüft werden. Sind sie ohne Befund, ist es gut.
Ich denke: vorerst.
Das klingt nach Zweifel. Zweifel sollte ich nicht zulassen. Oder doch? Was ist in dieser Situation der Sinn für Realitäten wert?
Wird Krebsbefall nachgewiesen, so sagte man mir, muß die Brust doch noch amputiert und eine harte Strahlentherapie angesetzt werden.
Heute auch Beginn der Iscador-Spritzen, früh morgens die erste.

Meine Mutter war hier. Sie sieht erschreckt und hilflos aus, verwirrt. Sie sieht aus, als habe sie Schwierigkeiten, die Wirklichkeit als gegeben anzunehmen. Sie tut mir leid.

Roland rief eben an. Er macht mir Lebenslust. »Wäre ja gelacht, wenn wir das nicht schafften!« sagte er. Heute mittag hatte ich ihn gebeten, nicht so deprimiert zu sein.
Es ist schön, ihn zu haben. Und ich weiß, daß ich ihn nicht festhalten darf, wenn die Situation für ihn zu belastend wird.

6. November 1987

Ein ruhiger, harmonischer Tag. Ich fühle mich ausgeglichen. Ärztegespräch. Das Ergebnis der Operation liegt noch nicht vor. Die Bestrahlung, sagen sie, ist erst nach Wundabheilung möglich, also frühestens Ende November. Ich verweise hartnäckig auf meinen geplanten Reisetermin Anfang Dezember.
Beide Ärzte meinen, ich sollte fahren, wenn ich es guten Gewissens tun könnte. Wenn ich mich soweit kennen würde, daß ich wüßte, ich gerate in den vier Wochen dort nicht ins Grübeln, nicht in Selbstvorwürfe, Ängste.
Dr. S. sagt: »Außerdem sollten Sie lernen, sich die Iscador-Spritze selbst zu geben. Dann sind Sie selbständiger in der Nachbehandlung.«

23 Uhr 30
Sobald ich das Licht ausmache: Unruhe. Angst. Befürchtungen. Zweifel.
Ich muß das unter Kontrolle bringen. Nicht: mich langsam auffressen lassen. Nicht zulassen, zermürbt zu werden, nicht: mich selbst zermürben.
Aufschreiben. Während des Schreibens Klarheit für mich schaffen. Es ist der histologische Befund, der noch aussteht. Er macht mir Angst. Die Furcht, er könne »positiv« ausfallen. Das heißt: Er könnte für mich negativ ausfallen.
Es geht mir gar nicht mehr um die Amputation der Brust. Es geht nun darum, daß bei einem Krebsbefund das Übel auf dem Weg in den Körper war. Oder auf dem Weg sein könnte. Da beginnt die Ungewißheit.
Warum diese Attacken aus mir selbst heraus gegen mich selbst? Warum mache ich mir selber Angst?
Bin ich mir denn nicht mehr selbst die zärtlichste Freundin?

Die, die mich liebt. Den Leib wie die Seele. Den Kopf wie den Bauch.
Nein. Nicht: abschalten.
Nicht ausschalten. Nicht wegschalten. Überhaupt nicht: schalten.
Nein!
Wie gut hat es mir getan, zu meinen, alles sei nur ein Alptraum. Dieses Gefühl zu haben, ganz gewiß daraus aufzuwachen. Das gab mir Kraft, eine Hoffnung.
Nicht die Hoffnung zerstören lassen. Wenn die Tatsachen andere als erhofft sind, wirst du auch damit leben müssen und vielleicht sterben.
Den Tod fürchte ich nicht. Aber das qualvolle Sterben.
Woher will ich wissen, daß ich irgendwann einmal qualvoll sterbe? Ich weiß es nicht.
Ich weiß nichts.
Ich lasse mich von Befürchtungen verrückt machen, die durch nichts zu begründen sind. Noch sind die Tatsachen nicht bekannt, auch wenn sie, so oder so, bereits existieren.
Es ist das Warten, das mich fertigmacht. Aber nur, wenn ich mich davon fertigmachen lasse.
Warten kann auch gut sein. Eine Atempause. Eine Möglichkeit, mich selbst zu stärken, mich mit mir auseinanderzusetzen. In positiver Weise auseinanderzusetzen.
Kein Mitleid. Kein Selbstmitleid. Keine hysterischen Befürchtungen. Nicht auf jeden Schmerz im Körper horchen.
Etwas anderes heraufbeschwören. Ich muß das andere heraufbeschwören. Die Qualität des angstfreien Denkens. Die der angstfreien Gefühle. Die Hoffnung, die sich nicht geschlagen gibt.
Nie mehr geschlagen werden?
Ich weiß, ich werde nie mehr geschlagen.
Ich hoffe, daß ich das weiß.

Auch: die andere Qualität des Lebens heraufbeschwören, die der kleinen, positiven Tagesereignisse, die der bisher unbeachteten, die so viel Beachtung verdienen.
Falls alles nur die Furcht vor einer dritten Narkose ist: Auch das läßt sich überstehen. Hat das EKG nicht ausgeschlagen, als hätte ich das Herz eines Neugeborenen? Wie gut das klingt. Das Herz eines Neugeborenen. Es hört sich nach Zukunft an.
Zukunft, die vor mir liegt. Ein Herz, das dem Leben gewachsen ist, das mit dem Leben aufwächst.
Auch eine dritte Narkose und ein vierter Schnitt sind zu ertragen. Wenn ich das nicht schaffte!
Ich bin doch ich!
Ja, ich bin es.

7. November 1987

Selbstachtung.
Selbsterkenntnis.
Mich selbst achten.
Kenne ich mich?

Könnte es für mich wichtig sein, mich mit dem Krebs auch literarisch zu beschäftigen, um mich selbstachtend zu bewahren?

8. November 1987 (Sonntag)

Guten Morgen, mein Körper!
Ein ruhiger, neblig-sonniger, harmonischer Tag.
Ich harmoniere mit mir.

Heute werden die Fäden an beiden Brustwarzen gezogen. Schwester Ingrid mit Pinzette und scharfem Messerchen. Sie ist diejenige, die sich bewegt, als sei sie in Wirklichkeit gar keine Krankenschwester, sondern eine verwunschene Prinzessin, die hier im grauen Linoleumflur und in den Krankenzimmern am falschen Platz ist.
Ihre Hände zittern.
Ich fürchte mich unnötigerweise.
Die Venenentzündung im linken Arm verschlimmert sich, verursacht von der Kanüle, die für die Narkose und die Flüssigkeitszufuhr nach der Operation gesetzt war.

Heute nacht von einem zärtlichen Mann geträumt, der liebevoll an meinen Brüsten saugte.

Gestern nachmittag bei Sonne und mit der Dränageflasche eine Stunde lang spazierengegangen. Fröhlich, wenn auch langsam. Das Gefühl von Freiheit und Unabhängigkeit genossen; auch das des Trotzes: Ich kann es! Ich kann das Gelände verlassen.
Ich habe es verlassen. Die Dränageflasche in die tiefhängende Tasche meines Mantels gesteckt, bin ich einen Trampelpfad in einer Wiese aufwärtsgestiegen, zur Straße abgebogen. Unten das Klinikgelände.
Rechts und links der Straße Villen. Hausträume, mit viel Geld verwirklicht. Weiter hinten ein altes Bauernhaus. Ein anderes Haus wird umgebaut. Ich denke, es sind Vater und Sohn, die dort arbeiten. Sie stapeln die alten, herausgebrochenen, handgeformten flachen Ziegel sorgfältig an der Straße auf.
Dann der Ausblick über Hügelland im Herbst. Klare kalte Luft. Herbstfarben. Die Farben sind Wärme.
Auf dem Rückweg: Baumhäuser im Geäst. Kinderträume. Zerrissene Strickleitern.

Am Teich im Klinikgelände eine Papyrusblüte gepflückt, in der Sonne gesessen. Nachts gut geschlafen.
Heute nur bis zum Reitstall der Klinik gegangen. Dem Reiten der behinderten Kinder und dem Voltigieren der anderen zugesehen.
Gedacht: Lucien sollte es lernen.
Gedacht: Du hast es nie lernen dürfen.
Aber gedacht: Den eigenen Töchtern hast du es auch nicht ermöglichen können.
Gedacht: Warum soll ich es nicht jetzt noch lernen können?
Ich könnte es versuchen.
Es könnte mir Spaß machen, Reiten zu lernen. Spätestens im Januar werde ich mich darum kümmern. Also: nachforschen, wie und wo ich es lernen könnte. Ausprobieren, ob ich noch nicht zu alt bin, mir einen Kindheitstraum zu verwirklichen.
Vielleicht auch: Florettfechten?
War das nicht nur ein Traum, den meine Mutter für mich träumte?

Herbstblätter gesammelt.

Heute abend an einer Ausstellungseröffnung, hier im Parterre der Klinik, in der Lobby, teilgenommen. Das beansprucht den Kopf. Befreit vom Krankenhausdenken; von Gesprächen mit den Mitpatienten im Raucherzimmer, die sich im Kreis drehen, um Krankheiten, Operationen, vom Tod anderer berichten. Gespräche wie mit dem, der schadenfroh und grimmig zu sein scheint, der böse auf die Welt ist und an einem Darmtumor operiert werden soll.
Da ist aber auch der intelligente, humorvolle, sanfte junge Mann mit dem Bänderriß, der mir seit der zweiten Operation jedesmal eine seiner Krücken leiht, damit ich den

schmerzenden Arm hochlegen kann. Er ist LKW-Fahrer bei einem Spielzeuggroßhandel. Früher ist er Autorennen gefahren.
Die rothaarige Schneewittchen-Frau gehört dazu, deren Mutter häufig mit uns im Raucherzimmer sitzt und jammert, weil sie der Tochter den Haushalt besorgen muß. Der Ehemann zum dünnen, langen Schneewittchen ist klein und gedrungen und reicht seiner Frau nur bis zur Schulter.
Oder die Dicke, die von einem Kotelett träumt, so groß wie ein Klodeckel.

Während ich das aufschreibe, sitze ich in der Cafeteria, die schon geschlossen ist. Vereinzelt brennen Tischlampen. Das Mobiliar ist aus rotem Holz. Zwei andere Tische sind noch besetzt. Was sie dort reden, stört mich. Die Rechthaberei alter Männer und das Gespräch einer älteren Frau, die anscheinend Krebs hat, mit einem jungen Paar. Die jungen Leute versuchen, das Problem abstrakt zu machen. Sie abstrahieren. Die Abstraktion schafft Unverbindlichkeit. Alles bleibt an der Oberfläche. – Ich gebe es auf. Ich kann nicht mehr schreiben.

IV
Befund

Am 9. November erfährt Margot vom Stationsarzt das Ergebnis des histologischen Befundes. Sie haben Krebs in einem von vier Lymphknoten gefunden.
Wichtig an diesem Befund ist die Tatsache, daß die Krebszelle in der befallenen Lymphdrüse »noch«, wie die Ärzte ihr sagen, verkapselt und nicht nach außen durchgebrochen war.

9. November 1987

Sich blindwütig aufzulehnen ist, denke ich, unsinnig; Kraftvergeudung.
Auflehnung hilft nicht gegen diese Krankheit.
Der Lebenswille mag helfen.
Wichtig, denke ich, ist es, zu akzeptieren, was geschah und noch geschieht. Sich einlassen auf den Gedanken, nur noch begrenzte Lebenszeit zur Verfügung zu haben. Sich damit vertraut machen.
Vertrauen haben.
Vertrauen herstellen.
Lernen, Vertrauen in die Zeit zu haben, die zu leben bleibt.
Der Sterblichkeit vertrauen.
Vertrauen bedeutet nicht: einen Sinn machen.
Sie könnte die ewig falsche Frage sein, die nach dem Sinn des Lebens. Nach Sinn überhaupt. Sinn macht es nur, darüber nachzudenken, warum wir meinen, alles müßte seinen Sinn haben.
Vertrauen.
Das heißt auch: ohne Angst leben.
Das heißt: ohne Verzweiflung.
Geborgenheit im täglichen Umgang mit diesem Sich-vertraut-Machen. Mit dem Ende. Mit der Sterblichkeit.
Wann?
Ein bißchen bange sein vor diesem Wann?
Noch bin ich es.
Morgen vielleicht schon nicht mehr. Das Bangesein akzeptieren. Den Lebenswillen trotzdem nicht aufgeben.
Lebenswille ist nicht Auflehnung.
Auflehnung bedeutet Kampf. Ein Kampf, der nur dann zu gewinnen wäre, wenn der Untergang der Krebszellen im Körper bereits vorprogrammiert ist. Ein sinnloser Kampf

also. Denn der Krebs hat seine eigenen Gesetze. Diese Krankheit hat ihre Selbständigkeit. Ich denke, sie verläuft nach Gesetzen, die schon festliegen, ehe der Krebs ausbricht.

Also: Fatalismus?

Für mich ist der Begriff Fatalismus negativ.

Die Ergebenheit ins Schicksal assoziiert Unterwürfigkeit, Unselbständigkeit, Abhängigkeit.

Laß den Fatalismus weg.

Verständige dich mit dir selbst. Verständigung und Einigung.

Sag: das Schicksal akzeptieren.

Nicht: sich ergeben. Nicht: sich damit abfinden.

Zorn ist erlaubt.

Die Wut.

Nicht: das Selbstmitleid.

Nicht: der seelische Zusammenbruch.

Nicht: die intellektuelle Blockade.

Du bist es doch? Ja. Ich bin es. Das Ich. In der Einheit von Körper, Seele und Geist. Der Lebenswille entsteht in dieser Einheit – denke ich mir. Möglicherweise ist es so. Ich weiß es nicht. Ich vermute.

Alle Vermutungen sind zulässig. Sie sind kreativ. Sie machen Mut. Noch hab ich ihn, den Mut, gleichermaßen wie den Lebenswillen. Das »noch« sollte ich streichen.

Lebenslust: die Neugierde gehört dazu. Die Abenteuerlust. Lust zu arbeiten. Lust auf Liebe. Neue Einfälle für die Arbeit: Sie fliegen mir im Augenblick zu. Ich schmiede Pläne. Reiselust. Ein Gefühl von Stärke. Das gibt mir die Ruhe, die ich brauche, um am Schrecken nicht zu erschrekken.

Aber sie darf nicht aufgesetzt sein, die Lebenslust. Ich denke, sie muß im Unterbewußtsein fest verankert sein.

Ich hoffe, sie ist es. Hoffe es. Weiß es nicht.

Möglicherweise spiele ich mir selbst etwas vor.
Ich wäre so gerne uralt geworden.
Vielleicht hätte ich im Alter die Bücher geschrieben, die tatsächlich wichtig sind.
Ich hätte gerne weiße Haare gehabt. Die Frau meines Enkels kennengelernt. Die Urenkel.
Es schmerzt, zu denken, daß ich dafür wohl keine Lebenszeit mehr zur Verfügung habe. Möglicherweise erlebe ich nicht einmal mehr die Einschulung Luciens.
Ein tiefer, bedauernder, trauernder Schmerz.
Auch diesen Schmerz sollte ich akzeptieren.
Annehmen. Nicht: hinnehmen. Aktiv und bewußt annehmen.
Das muß möglich sein. Es muß aus mir selbst heraus möglich sein. Ohne Flucht in einen Glauben, ohne Schuldzuweisung an ein wie auch immer geartetes Wesen oder Schicksal. Selbst eine Göttin, hätte ich sie für mich erschaffen, wäre in dieser Situation nichts als ein kreativer, phantasievoller Lustzuwachs und keine Zuflucht. Das schmerzt.
Ich kann mir vorstellen, auch diesen Schmerz zu akzeptieren.
Den Tod fürchte ich nicht. Nach wie vor fürchte ich ihn nicht.
Nur das qualvolle Sterben. Aber soweit ist es noch nicht.
Und ich weiß nicht, wann es soweit sein wird.
Ich kann es nicht wissen. Das ist gut so. Das ist sehr gut.

12 Uhr 30
Ich glaube, es gibt eine Möglichkeit, sich selbst achtend die Krankheit akzeptieren zu lernen. Ich hoffe, es gelingt mir nicht nur jetzt, sondern auch in den nächsten Wochen, Monaten und vielleicht Jahren.

Die Erfahrung der eigenen Sterblichkeit ist faszinierend. Die Erfahrung von der Begrenztheit des Lebens und damit der eigenen Identität. Die Erfahrung, ein kleiner, gar nicht so wichtiger Partikel der Vergänglichkeit zu sein. Ich denke, wir sollten die Erkenntnis von der eigenen physischen Begrenztheit nicht so tragisch nehmen; es ist unsinnig, sich den Tod schwer zu machen, dem so oder so, ob mit Krebs oder ohne, nicht auszuweichen ist.

V
Fluchtreflexe

Margot verfällt in Fluchtreflexe.
Sie besteht auf ihrer Entlassung aus dem Krankenhaus, die für den 11. November vorgesehen war, sofern der Befund »negativ« ausfallen würde.
Sie will sich keiner dritten Operation unterziehen. Die in Betracht gezogene Amputation findet nicht statt.

10. November 1987

Morgen werde ich entlassen.
Heute abend findet in der Zentralbibliothek in Köln die Writers-in-Prison-Veranstaltung ohne mich statt.
Der Krebs in der Lymphdrüse war von der gleichen Art wie der in der linken Brust; also ein mittelschnell wachsender, relativ aggressiv. Aber wenigstens noch in der Lymphdrüse eingeschlossen. Das Ergebnis dieser zweiten Operation bedeutet: a) die Bestrahlung sollte so bald wie möglich beginnen (noch vor meiner geplanten Reise nach Puerto Rico, wenn es überhaupt noch möglich ist zu fahren – aber: noch gebe ich nicht auf, vielleicht fliege ich zwei Tage später zum P.E.N.-Kongreß und nehme eben nur an der Delegiertenkonferenz teil!); b) auch die Lymphdrüsen in der linken Achselhöhle müssen bestrahlt werden, das kann zu Komplikationen im linken Arm führen; c) der Krebs sitzt irgendwo im Körper. Regelmäßige Kontrolluntersuchungen sind notwendig, auch regelmäßige Mammographien.
Gestern abend ertastete ich in der linken Brust einen Knoten. Das brachte mich beinahe um den Verstand.
Ich werde aufpassen müssen, nicht dauernd in Panik zu geraten. Dr. C. und Dr. S. tasteten bei der abendlichen, außerplanmäßigen Visite die Brust ab. Beide, Dr. C. etwas zögernder: »Nein, nein. Das kann nicht sein. Nicht so schnell!«, Dr. S. entschieden: Das sei die Operationsnarbe.
Dr. S. erklärte es: Der Hohlraum im Brustgewebe, größer als eine Walnuß, füllt sich nach der Operation mit Blut; das verhärtet, schrumpft und bildet relativ hartes Bindegewebe. Es sei jedoch notwendig, möglichst bald eine Mammographie zu machen, um Bilder mit den Narben für den Vergleich bei späteren Kontrolluntersuchungen zu haben.

Sonst ist alles gesund! Die Ergebnisse der anderen Untersuchungen liegen vor: Leber, EKG, Lunge (keine Metastasen!), Blut, Urin. Der Kaliumgehalt im Blut ist wieder gestiegen, seitdem ich die blutdrucksenkenden Tabletten weglasse. Der Blutdruck scheint in Ordnung, seit ich hier bin.
Ich habe nur mit diesem Scheißkrebs zu kämpfen!
Spekulation, zu denken: Vielleicht haben sie die einzige befallene Lymphe erwischt und entfernt.
Irgendwie krebst es in meinem Körper herum.
Beim Gespräch mit der Onkologin erfuhr ich, daß die ersten Rückfälle, Rezidive, an der gleichen Brust ansetzen, auch dann, wenn kein Brustgewebe mehr vorhanden ist. Dann wird das Muskelgewebe oder das Brustbein befallen.
Ich denke: Was für ein Glück, daß du die Brust belassen hast!

Ich habe heute lange gebraucht, die zerschlagene Hoffnung, die zweite zerschlagene Hoffnung, aus der Reaktion von Angst, Selbstmitleid und dem Gefühl, alles ist vergeblich, herauszuführen.
Ich habe geweint.
Flach geatmet.
Eine Zigarette nach der anderen geraucht.
Sekt getrunken.
Ich bin nervös gewesen.
Wütend.
Zornig.
Ich habe das Krankenhaus verlassen. Bin aggressiv die Dorfstraße hinunter- und wieder zurückgelaufen.
Ich habe mich geweigert, in diesem Zustand Tagebuchnotizen zu schreiben.
Ohne Veranlassung bin ich ruhig geworden.

Fühlte mich auf einmal ausgewogen.
Ohne Angst.
Habe mir gesagt: Mit Tatsachen mußt du fertig werden. Sie sind nicht zu ändern.
Abends ein ausführliches Gespräch mit Dr. C., ein beruhigendes. Dann eines mit Dr. S. Sie haben wirklich nicht viel Zeit in dieser Klinik, aber sie geben sich Mühe, diese Zeit zu erübrigen. Keiner spricht mehr von Brustamputation.
Dr. C. forscht beim Gespräch in meinen Augen, mitfühlend. Ich lasse zu, daß er ein wenig von meiner Ratlosigkeit sieht; Ratlosigkeit, nicht Trostlosigkeit.
Es gibt keinen Trost.
Es gibt nur den Willen, jeden Tag, den ich erlebe, zu leben.
Als ich heute morgen Frau Dr. T., die Onkologin, nach meinen Überlebenschancen fragte, mit dem Hinweis, daß ich mein Leben danach einrichten wolle, wich sie aus.
Sollten zwei Jahre lang keine Metastasen auftreten, meinte sie schließlich, als ich nicht nachgab, dann hätte ich eine Chance.
Heute morgen habe ich auch zum ersten Mal das Iscador selbst aufgezogen und gespritzt. Schwester Monika lachte, als ich mit Schwung, weil es anders nicht klappte, die Nadel in den Fettwulst am Bauch jagte. Es schmerzt nur, solange noch die Haut durchstochen wird; im Fleisch, bzw. Fett, spüre ich nichts, nur das Einspritzen der Flüssigkeit.
Ja, nun muß ich abwarten.
Morgen holt Roland mich aus der Klinik. Ich habe ihm noch nichts vom zweiten Befund gesagt. Ich wollte nicht, daß er heute abend in dieses schwarze Loch der Traurigkeit, der Angst und Ungewißheit fällt, sobald unser Telefonat beendet ist.
Morgen also: Entlassung.
Übermorgen will ich in die Praxis von Dr. M. gehen, »meinem« Internisten. Dann der Termin beim Strahlenthera-

peuten. Abklärung der Bestrahlungstermine. Abklärung meiner Reisemöglichkeit. (In vier Wochen liege ich in Puerto Rico am Strand!)
Zwischendurch möchte ich dreißig Seiten Roman schreiben.[17]
Die Kindermärchen?
Vielleicht.
Ich freue mich auf meine Wohnung. Vor allem: auf meinen Schreibtisch.
Schritt für Schritt wird sich alles klären.
Ich freue mich aufs Schmusen.
Wird Roland sich darauf einlassen?

VI
Heimkehr

Das Mittagessen wird ausgeteilt, als Roland eintrifft, um sie abzuholen. Sie sitzt, wie sie jeden Mittag so gesessen hat, am kleinen Tisch in ihrem Einzelzimmer und ißt. Roland wartet am Fenster.

Sie hat alles gepackt. Die Blumen ins Schwesternzimmer gestellt. Nur die roten Rosen, die nimmt sie mit nach Hause. Roland hat sie bei seinen Besuchen einzeln mitgebracht. Es war das erste Mal, daß er sich auf dieses Spiel mit roten Rosen einließ.

Im Wagen schließt er den Sicherheitsgurt für sie. Der linke Arm ist noch nicht zu gebrauchen. Der Schmerz ist stärker, als er in den Brüsten war, der Einschnitt noch nicht vollständig verheilt.

Bei einer Rast an der Autobahn registriert Margot ihre körperliche Schwäche. Jede Bewegung macht Mühe, der Kreislauf revoltiert.

Sie hätte gut daran getan, eine Woche länger in der Klinik zu bleiben.

Roland bringt sie in ihre Wohnung. Die vier Stockwerke, die sie nach oben steigen müssen, bewältigt Margot nur mühsam. Das will sie sich nicht anmerken lassen. Sie hat bereits im Krankenhaus geübt, ist nicht mit dem Lift gefahren, sondern Treppen gestiegen.

Roland dreht die Heizungen auf, er lüftet, er räumt auf, er spült ab, er bittet sie, einen Einkaufszettel zusammenzustellen.

Er geht für sie einkaufen.
Sie weiß, daß sie diese Nacht nicht alleine in ihrer Wohnung bleiben möchte. Sie braucht seine Nähe. Sie ist bedürftig. Sie fürchtet sich.
Sie schämt sich, wie ein Kind zu reagieren.
Aber die nächste Nacht, darauf besteht Margot, will sie allein verbringen. So rasch wie möglich will sie wieder in die Normalität zurückfinden.
Nur beim Autofahren und bei körperlicher Arbeit ist sie zu Zugeständnissen bereit. Sie nimmt Rolands Angebot an, jeden zweiten Tag für sie einzukaufen und abzuspülen, und sagt zu, sich in der ersten Woche noch nicht ans Steuer des eigenen Wagens zu setzen.
Margot nimmt Rolands Fürsorge zögernd an. Sie fürchtet so etwas wie eine »Geschwistersituation«. Sie will ihn nicht verlieren, aber sie will auch nicht, daß er nur aus einem Gefühl der Verpflichtung an ihrer Seite bleibt.
Sie spricht diese Befürchtung nicht aus. So entsteht eine Situation des ängstlichen Abtastens. Sie hält für die nächsten zehn Tage an.
Andere Fürsorge nimmt sie unbefangen an.
Ihre ältere Tochter kommt für ein Wochenende aus Frankreich und versorgt sie in diesen Tagen in rührender Weise. Als die Operationsnarbe neben der linken Achsel sich etwas entzündet und zu nässen beginnt, erfinden sie gemeinsam im Badezimmer ein System aus Verbandsmull, Pflaster und T-Shirt, das die Salbenauflage nicht verrutschen läßt.
Außerdem sind da die täglichen Anrufe, die ihrer jüngeren Tochter, ihrer Schwester, von Freunden und auch von einzelnen Kollegen und Kolleginnen. Sie bekommt Briefe und Blumen, ihre Gesprächspartner, weiblich wie männlich, sind geduldige Zuhörer; alles Signale der Zuwendung, die in den ersten Wochen, im ersten Viertel-

jahr genauso überlebensnotwendig sind wie der eigene trotzige Wille.
Ganz besonders wichtig ist die Möglichkeit, reden zu können, erzählen, was ihr widerfährt, von der inneren Auseinandersetzung mit sich selbst zu sprechen. Ohne die Zuwendung von außen wäre das nur mit Roland möglich gewesen. Im Gespräch mit anderen lernt sie, die inneren und äußeren Abläufe aus den verschiedensten Blickwinkeln zu betrachten, erfährt von anderen Krebspatienten im eigenen Umkreis und in dem der Freunde, erhält Hinweise und Tips, Erfahrungsberichte und vor allem Zuspruch und Bestätigung. Sie begreift, daß sie und Roland nicht allein den Schrecken bewältigen müssen, daß da außerhalb ihrer Beziehung von Freunden ein Netz aufgespannt wird.
Erst sehr viel später erfährt sie, daß Roland gelegentlich mit dem Vorzeichen »unter uns Männern« auf eine ihn erschreckende Bewunderung dafür gestoßen ist, daß er Margot in dieser Situation nicht verläßt.

Aus dem Krankenhaus also nach Hause zurückgekehrt, noch drei Wochen bis zum Abflug nach Puerto Rico, gerät Margot unter Zeitdruck. Sie muß die medizinische Nachbehandlung in die Wege leiten, gleichzeitig das Berufliche ordnen. Unter anderem muß sie Termine für Lesungen, die fest für Januar, Februar und März vereinbart waren, absagen. Die Strahlentherapie wird ihr dazu keine Kraft lassen. Noch glaubt sie, in diesen drei Wochen die innere Kraft und Kreativität zu haben, am Schreibtisch zu arbeiten. Die Fahnenkorrektur für das jüngste Kinderbuch bewältigt sie allerdings nur mühsam und meistenteils auf dem Bett liegend.
Da es zu diesem Zeitpunkt für freiberufliche Autoren in den ersten sechs Wochen einer Krankheit kein Krankengeld gibt, lebt sie von Ersparnissen. Sie hätte eine entspre-

chende Versicherung abschließen sollen, aber sie hat nicht. Die Ersparnisse sind minimal. Schließlich gelingt es ihr, mit ihrer Bank einen Überziehungskredit zu vereinbaren. Dinge, die wichtig sind, die aber in diesen Wochen, in denen sie zwar auf eine Überlebenschance hofft, auf keinen Fall aber damit rechnet, von Margot kaum als ein brennendes Problem wahrgenommen werden.

16. November 1987

Schmusen?
Ich denke dauernd daran. Aber es scheint mir noch nicht greifbar. Als gäbe es eine Hemmschwelle. Als müßte zuerst etwas abgebaut werden...

17. November 1987

Roland und ich: als hätte sich etwas verändert. Möglicherweise gibt es diese Veränderung nur in meinem Kopf.

Inzwischen: zurückgekehrt in die eigene Wohnung. Fäden gezogen. Erstes Gespräch mit einer Frau Dr. K. im Strahleninstitut.[18] Eine Frauenärztin gefunden. Mit meinem Internisten gestritten. Er lehnte die Verantwortung für die weitere Behandlung ab.[19] Telefonierte dann schließlich mit seiner Studienkollegin, der Frauenärztin, Frau Dr. I.
Erster Termin bei ihr. Sie scheint meine Entscheidung, in die Klinik nach Herdecke gegangen zu sein, nicht prinzipiell abzulehnen. Sie kennt Iscador. Hat es sogar in der Praxis vorrätig. Daß ich selbst spritzen will, irritiert sie.
Sie ist klein, zierlich, von nervöser Behutsamkeit. Bei der gynäkologischen Untersuchung findet sie kein Myom (ich hatte nichts davon erzählt), sie sagt nur etwas von einer vergrößerten Gebärmutter, aber das sei noch zu tolerieren.
Sie nimmt sich Zeit. Wirkt freundlich, zugewandt, sagt: »Mit Iscador werden gute Ergebnisse erzielt. Es bekommt immer mehr Anerkennung.« Sie sagt auch: »Frauen, die intellektuell arbeiten, haben die größten Chancen.«
Frau Dr. K. vom Strahleninstitut nahm sich ebenfalls Zeit. Wir sprachen gut eine Stunde miteinander. Sie mußte mich

zu einer ersten Nachsorgeuntersuchung überreden.[20] Als sie fragte: »Wovor haben Sie denn Angst? Vor der Untersuchung oder vor dem Ergebnis?«, wußte ich plötzlich, wovor ich Angst habe: vor dem Ergebnis.
Das ist es.
Die nächste Entscheidung ist gefallen. Der nächste Schritt also. Ich werde ein Knochenszintigramm und eine Untersuchung mit dem CT, Computertomographen, machen lassen, um nach Metastasen zu suchen. Möglicherweise gibt es tatsächlich Heilungschancen, wenn sie frühzeitig entdeckt werden.
Im Grunde wage ich nicht mehr zu hoffen, daß sie nichts finden.
Ist das Resignation? Oder nur Realitätsdenken?
Vielleicht sogar: Zweckpessimismus?
Oder schon: Panik, die sich noch bedeckt hält?
Ist es ein ganz natürliches Verhalten? Nach dem Motto: Ich bin auf einen Weg geraten, der im Dunkeln liegt, die Dinge, die mich stolpern lassen könnten, sind nicht zu erkennen; schon gar nicht das Wegende; also verhalte ich mich vorsichtig, befürchte nicht unbedingt das Schlimmste, rechne aber doch damit.
Hätte ich nicht das Gefühl, daß die Hoffnung existiert, ließe ich mich wohl nicht untersuchen.
Manchmal frage ich mich jedoch, ob auf diese Weise nicht mein Widerstand gebrochen wird.

Ich bin anders geworden.
Als hätte sich der Boden, auf dem ich mich bewege, verändert.
Als veränderte er sich täglich. Als vermittelte er mir meine Unsicherheit.
Ängste.
Horrorphantasien.

Nicht mehr aufgehoben in den engen vier Wänden des Krankenzimmers, in der Eintönigkeit regelmäßiger Abläufe, bin ich auch nicht mehr gefordert, Bewegungs- und Entscheidungsfreiheit zu erträumen, sehnsüchtig herbeizuwünschen oder zu ertrotzen.
Die Tage sind jetzt anders. Keine Eintönigkeit mehr. Dafür Bewegungs- und Entscheidungsmöglichkeit. Tagtäglich auf mich selbst gestellt. Nächtlich. Auf mich selbst reduziert. Auf die täglichen Abläufe, Langeweilen, Depressionen, Erwartungen. Das ist wie in der Zeit vor den Operationen (und ich weigere mich, zu schreiben: wie vor der Krankheit!).
Ich weigere mich, zu akzeptieren, daß ich verunsichert sei.
Nur diesen Weg, auf den ich geworfen bin, akzeptiere ich als unumstößliche Realität; unumgänglich.
Alles andere muß zu bewältigen sein!
Bin ich mir selbst nicht genug? Meine beste Freundin. Ja.
Aber auch: lernen, aus meinem Gehäuse herauszugehen.
Mich nach außen öffnen.
Weniger Abschweifungen ins Lamento der eigenen Phantasie.

Zum Beispiel: Roland. Muß ich nicht darauf achten, ihm nicht zu viel aufzubürden? Wo ist die Grenze? Die Grenze, über die hinaus ich ihn nicht mehr mit Informationen über meinen Zustand belasten darf? Oder gibt es diese Grenze gar nicht? Ich brauche die Möglichkeit, meine Ängste, Befürchtungen und Ärzteerfahrungen auszusprechen. Braucht er das Zuhören?

Lernen: Veränderungen positiv anzunehmen.
Überhaupt: lernen!
Dazulernen.

Ich sitze im Stadtgartencafé.
Aus dem Lautsprecher spanische Musik. Das Café ist dämmrig. Draußen wird es dunkel. Menschen um mich herum. Ich habe mir einen Campari bestellt. Die Atmosphäre hier tut mir gut. Ich empfinde keine Unruhe mehr. Geborgenheit. Als wäre ich in mir selbst geborgen.
Als hätte ich die Gewißheit, das Richtige zu tun. Die Gewißheit, ja, aber nicht die Sicherheit.
Ein aufblitzender Gedanke: Das Rätsel des Lebens habe ich noch nicht gelöst.
Gibt es eines zu lösen? Gilt es nicht, ganz einfach nur zu leben?

19. November 1987

Einatmen.
Nicht atmen.
Weiteratmen.
Dazwischen: Atemzüge ohne Kontrolle.
Im Arm die Kanüle für die Kontrastflüssigkeit. Das ist die Computertomographie. Das Geräusch der Maschine. Das wortlose Hantieren der Frau im weißen Kittel, das mich irritiert, weil ich nicht weiß, was da genau abläuft. Es ist früher Nachmittag. Seit heute morgen um neun bin ich im Strahleninstitut, um die erste allgemeine Kontrolluntersuchung machen zu lassen. Gegen zehn Uhr wurde mir eine Nuklear-Infusion gespritzt, die ein Knochenszintigramm ermöglicht.
Als ich dann zwischen halb elf und ein Uhr in einem Café am Eigelstein saß, um die Zeit zu überbrücken, auf einmal der Gedanke:
Mit dem Krebs leben.

Mit ihm leben können.
Den Krebs im Körper akzeptieren. Vielleicht sogar mit Zuneigung wie zu einem Lebewesen.
Er ist nun einmal vorhanden. Wahrscheinlich zu klein, um entdeckt zu werden.
Mach dich klein, ganz klein, damit sie dich mit ihren Apparaten nicht entdecken!
Bleib so klein, damit ich mit dir leben kann.
Nur, wenn *ich* lebe, hast *du* eine Chance zu leben.
Warum willst du mich überwuchern? Vernünftig argumentieren. Freundschaftlich. Mit diesen Zellen, die das übliche Programm des Körpercomputers über den Haufen werfen.
Über? Eher: auf einen Haufen. Auf mehrere.
Solange sie klein bleiben, macht das nichts. Sie müssen nur klein bleiben. Klein und freundschaftlich. Dann können wir gemeinsam miteinander alt werden.
Parasitentum – positiv betrachtet.
Seit der ersten Operation spreche ich täglich mit meinem Körper, ich versuche, ihn zu lieben. Ich denke, es könnte gelingen.
In Gedanken berühre ich ihn zärtlich.
Das Kontrastmittel für die Computertomographie, das eine Hitzewelle im ganzen Körper auslösen sollte, hat mir nur Hitze im Unterleib beschert, dann einen seltsamen Geschmack in der Kehle. Als hinge der Unterleib direkt mit der Kehle zusammen.
Einatmen. Nicht atmen. Weiteratmen. Die Stimme der jungen Frau kommt über ein Mikrophon in den Raum. Sie hat mich bis zum Hals in das runde, stählerne Tor der Maschine geschoben, die nun von außen, aus dem Kontrollraum, gesteuert wird. Zentimeter für Zentimeter rückt die Bahre, auf der ich flach und hart liege, aus dem Kreisbogen heraus. Während der Aufnahmen ein Geräusch, das mich an Kopiermaschinen erinnert.

Danach die Röntgenaufnahmen des gesamten Skeletts.
Und wieder gerate ich mit einem Arzt in Streit. Ich hatte morgens schon darauf hingewiesen, daß ich mich für diese Aufnahme nicht auf den Bauch legen kann, weil die linke Brust noch längst nicht verheilt ist. Die Assistentin hatte mir versprochen, das sei nicht nötig; sie könnten das Gerät umbauen. Eine andere machte dann die Aufnahmen. Die erste Aufnahme war kein Problem, ich lag auf dem Rükken. Dann sollte ich mich umdrehen und verwies auf mein Gespräch am Morgen. Sie ließ sich auf keinen Disput ein, holte einen jungen Arzt.
Saloppe Freundlichkeit von seiner Seite. Joviale Gebärden. Abwiegeln, um in Ruhe das übliche Programm abwikkeln zu können. Beruhigungsgesten. Übers Haar streichen. Mit dem Zeigefinger über den Nasenrücken schnipsen, als wäre eine Mitvierzigerin ein junges Mädchen. Heftig schiebe ich seine Hand weg. Machomanieren. Vielleicht gutgemeint?
Schließlich liege ich doch auf dem Bauch.
Denke wütend: Du mußt lernen, dich durchzusetzen, dich nicht um den Finger wickeln zu lassen.
Zum ersten Mal Mißtrauen. Der Gedanke, ob ihnen in der Alltagsroutine ihre Maschinen wichtiger sind als die Menschen?
Und trotzdem Freude: Das Knochenszintigramm ist ohne Metastasenbefunde. »Lauter hübsche Knöchelchen, aber nichts dran«, sagte er strahlend nach unserer Auseinandersetzung.
Am liebsten wäre ich ihm dafür um den Hals gefallen.
Mein Körper!

21. November 1987

Wie nach einem langen Schwimmen bei Sonne und in klarem, blaugrünem Meerwasser, ein bißchen vom Wind aufgepeitscht: dieses Schmusen.
Ich fühle mich gesund.
Himmel!
Könnte ich beten, ich betete darum, daß es nicht nur ein Gefühl ist.

VII
Strahlentherapie

Die Reise nach Rio war nicht ihre letzte Reise.
Vier Wochen nach der ersten, und etwas mehr als drei Wochen nach der zweiten Operation sitzt sie neben Roland in der Maschine nach San Juan, Puerto Rico.
Die aufgeschwollene, schmerzende linke Brust hat sie in ein Dreieckstuch gehängt wie einen verstauchten Arm.
Schmerz, Schwellung, Röte und fühlbare Überhitzung der Brust, das, so die Ärzte, aber auch Margot, sei noch als Folge der Operation zu sehen. Daß es sich bereits um ein beginnendes Lymphödem handelt, auf diesen Gedanken ist zu diesem Zeitpunkt noch niemand gekommen. Erst im Februar oder März stößt Margot auf die Übereinstimmung der Symptome, als sie über Lymphödem im Arm der operierten Körperseite liest.[21]
Vorerst haben ihr die Ärzte den Rat mit auf die Reise gegeben, die Brust nicht zu strapazieren. »Keine Waldläufe«, hat einer gemeint. »Sehe ich wie eine Waldläuferin aus?« hat Margot geantwortet. »Ich bin von Natur aus faul.«
Seit Mitte der 70er Jahre hat sie ihre Brüste ohne BH getragen. Jetzt wurde ihr angeraten, zur Schonung der Brust dieses Stück Unterwäsche wieder anzulegen. Sie hat sich zwei gekauft; Sondergröße, wegen der Schwellung. Sie zieht sie nicht mehr an, weil sie Schmerzen verursachen und die linke Brust weiter anschwellen lassen. (Erst im Winter 88 erfährt sie von dem Masseur, der ihr mit einer

Lymphdränage hilft, daß der BH dadurch, daß er trotz aller Weite einschnürt, den Lymphstau begünstigen kann.)
Deshalb also das Dreieckstuch. Darin wird die geschundene Brust auf sanfte Weise ruhiggehalten.
Sie hat nach wie vor Schmerzen, in den Brüsten wie unter der linken Achsel.
Zu Hause, in Köln, war sie wenig belastbar, rasch müde, erschöpft und unkonzentriert.
Als sie in San Juan nach einem zehnstündigen Flug landet, ist sie angestrengt, aber glücklich. Sie hat ihr Ziel erreicht. Sie ist dort, wo sie hinwollte. Sie liebt diese feuchtschwüle Luft der gemäßigten Tropen. Sie ist müde, aber kein bißchen bereit, sich sofort im klimatisierten Hotelzimmer aufs Bett zu legen. Unternehmungslustig läuft sie mit Roland Hand in Hand die Umgebung in der Nähe des Hotels ab, will ans Meer, das hinter dem Hotel liegt; der Zaun und das verschlossene Gittertor, das die Touristen vor den Einheimischen »schützt«, hindern sie daran.
Sie nimmt intensiv am P.E.N.-Kongreß teil. Es macht ihr Spaß, Gespräche zu führen, einen Antrag auf englisch zu formulieren, den handschriftlichen Text spät abends noch in die Maschine zu tippen. An irgendeinem Nachmittag tanzt sie sogar, noch etwas behutsam, aber fröhlich, die Brust noch immer im Dreieckstuch.
Sie erinnert sich an Kindheitserfahrungen. Die hat sie damals staunend gemacht. Die Erfahrung, den Körper mit dem eigenen Willen steuern zu können. Ein Jahr nach der Verbrühung, bei der sie, wie ihr später gesagt wurde, nur vierzig Prozent Überlebenschance hatte, konnte sie sich selbst in eine erhöhte Körpertemperatur hineinreden, wenn sie einmal nicht zur Schule gehen wollte. Umgekehrt gelang es ihr, einen grippalen Infekt mit hohem Fieber von einem Tag auf den anderen zu überwinden, wenn sie an einem Ausflug unbedingt teilnehmen wollte.

Sie hat diese Fähigkeit als Kind genutzt. Als sie erwachsen wurde, hat sie darüber gelächelt. Sie hat sich selbst nicht ernstgenommen. Vielleicht hat sie in manchen Situationen dieses Talent unbewußt angewandt. Jetzt holt sie es ins Bewußtsein zurück.
Entgegen allen Warnungen geben sie und Roland der Lust zum Abenteuer nach. Sie wollen die Insel kennenlernen.
Am Tag nach dem Ende des Kongresses sitzt Margot neben Roland in einem sogenannten »Publico«, einem Kleinbus für etwa acht Personen. Er ist mit zwölf Reisenden überfüllt und bringt sie von San Juan nach Ponce, eine Schüttelfahrt bei Hitze und Fahrtwind von mehr als drei Stunden. In Ponce steigen sie um. Gegen Abend sind sie an der Westküste Puerto Ricos, in Boqueron, einem Dorf, das nur von einigen wenigen Amerikanern und hauptsächlich von den Puertoricanern als Urlaubsort genutzt wird. Sie suchen sich auf eigene Faust eine Unterkunft.
Hier beginnt die Begegnung mit dem, was Margot später das »Paradies« nennt. An keinem Fleck der Erde hat sie sich je so wohl gefühlt. Weder die Hitze noch die Luftfeuchtigkeit, noch der Floh, den sie sich wohl im »Publico« eingefangen hat, scheinen ihr zuzusetzen.
Sie gehen täglich schwimmen; sie machen lange Spaziergänge am Strand. Sie tanzen bei einem Fest des örtlichen Jachtklubs die Nacht durch.
Jeden Morgen setzt sich Margot die Iscador-Spritze. Erst nach ihrer Rückkehr wird sie darüber informiert, daß diese Spritzen nur jeden zweiten Tag und jeweils nur für vierzehn Tage im Monat zu geben sind. Sie kühlt die Brust mit Eisumschlägen. Als die Operationsnarbe am Warzenhof der linken Brust wieder zu nässen beginnt, gibt sie Heilsalbe und Jod auf diese Stelle und verzichtet nicht aufs Schwimmen. Sie baut darauf, daß Salzwasser heilt.
Als der Urlaub zu Ende geht, verschieben sie den Abflug

um zwei Tage. Weiter können sie ihn nicht hinauszögern, Margot muß am 28. Dezember morgens zur ersten Bestrahlung im ärztlichen Institut sein.

Am 28. Dezember meldet sich Margot pünktlich beim Empfang und wartet, wie sie in den nächsten Monaten täglich dort und in der Praxis der Frauenärztin stundenlang wird warten müssen, obwohl Termine ausgemacht sind.
Sie hat sich fest vorgenommen, erst einmal nach den Folgen der Bestrahlung zu fragen, ehe sie sich irgendeiner Behandlung aussetzt.
Das Warten zermürbt. Der Warteraum ist voll. Über Lautsprecher werden die Patienten aufgerufen.
Es gibt zwei Eingänge in den Strahlenbereich. Auf der einen weißgestrichenen Tür liest Margot »Linac«, auf der anderen »Gammatron«.[22] Die Gesichter der Menschen, die hier mit ihr warten, viele Frauen übrigens und wenige Männer, sind müde, verschlossen, resigniert, manchmal auch gleichgültig.
Sie reden nicht miteinander. Sie lesen Zeitschriften, die herumliegen, mitgebrachte Bücher. Die eine oder andere Frau hat Strickzeug dabei. Die Stimmung ist trist und gespannt.
Obwohl sie nur im Souterrain des Gebäudes sitzt, wird sie den Gedanken nicht los, in einer Unterwelt gelandet zu sein. Kein Orpheus wird sie herausholen. Später, als sie mit den Vorgängen in dieser Abteilung vertrauter ist, kann sie auch Schmerz in den Gesichtern der Leute lesen, die mit ihr warten, Verzweiflung, Unglück. Später begegnet sie den Patienten, die die Krankheit bereits gezeichnet hat. Begegnungen, die sie zutiefst erschrecken.
Sie wird als erstes an den »Linac« gerufen. Sie geht durch die dafür bestimmte Tür, sieht eine Krankenbahre, die an die Seite geschoben ist, und das rote Warnlicht »Zutritt

verboten!«. Links sitzen Leute in weißen Kitteln an Monitoren. Man weist ihr eine Umkleidekabine zu. Sie soll den Oberkörper freimachen.
Sie wartet mit entblößtem Oberkörper in der Kabine.
Eine junge Frau im weißen Kittel kommt herein, stellt sich als Ärztin vor, Frau Dr. V. Ob Margot noch irgendwelche Fragen habe?
Sie stellt ihre Fragen, erhält Auskünfte über die Strahlenart und Strahlendauer, das bestrahlte Körperfeld und den Nutzen der Strahlentherapie, die eventuell noch vorhandene Krebszellen im Operationsgebiet abtötet.
Als Margot nach Strahlenschäden und Folgen der Bestrahlung fragt, spricht Frau Dr. V. lediglich von Hautschäden, dagegen werde sie Margot aber einen Puder aufschreiben.
Müdigkeit, Depressionen, Haarausfall, Folgen, die Margot abfragt, werden verneint.
»Depressionen«, sagt Frau Dr. V., »haben Sie nur, wenn Sie sie haben wollen.«
Punktum.

Der »Linac« ist eine wuchtige, metallene Halbkugel an einem Schwenkarm. Er wird über den Körper des Patienten, der auf einer Bahre liegt, in die Position geschwenkt, die notwendig ist, um die entsprechende Körperstelle zu bestrahlen.
Margots Daten werden auf den Bildschirm eines Fernsehgeräts geholt. Frau Dr. V. und zwei Assistentinnen zeichnen an diesem Morgen zum ersten Mal das zu bestrahlende Gebiet auf Margots Körper mit schwarzem Filzstift ein.
Vom »Linac« werden die gesamte linke Brust und die Lymphknoten unter dem Brustbein bestrahlt.
Während der ersten Bestrahlung wird der linke Lungenflügel mit einer Bleiplatte abgeschirmt. Bei den nächsten Be-

strahlungen unterbleibt das, weil anscheinend das Gerät mit der ersten Bestrahlung exakt eingestellt worden ist. Sobald das Strahlengerät eingerichtet ist, verlassen Ärzte und Assistentinnen den Raum. Die schwere Schiebetür schließt automatisch. Die Patientin ist sich selbst und dem Gerät überlassen, von Kameras überwacht, die das Bild auf die Monitore draußen übertragen.
Sie darf sich nicht bewegen. Jede Bewegung ließe die radioaktiven Strahlen an einer falschen Stelle auftreffen.
Die Assistentinnen am »Linac« und danach am »Gammatron« arbeiten rasch und zielstrebig. Die Sätze, mit denen sie ihre Patienten begrüßen, auf die Bahre bitten, Bewegungslosigkeit einschärfen, sind Routinesätze. Auch die Freundlichkeit wirkt in der Routine erstarrt.
Ihre Arbeit hat Ähnlichkeit mit Fließbandarbeit. Später versucht Margot, die erstarrten Gesten des medizinischen Personals, meist sehr junge Frauen, zu durchbrechen, knüpft Gespräche an, aber es fehlt die Zeit, tatsächlich miteinander zu sprechen. Im raschen Patientenwechsel stören Gespräche. Sie kommt nur mit einer der Frauen in einen näheren Kontakt, mit der, die sie »meine Indianerin« nennt, wegen der hohen Backenknochen und der tiefliegenden Augen.
Das »Gammatron« ist weniger wuchtig als der »Linac«, ein etwas handlicheres, kastenartiges Gerät, auch an einem Schwenkarm. Mit dem »Gammatron« wird der Bereich der linken Achsel bestrahlt.
Erst Wochen später hat Margot über die verschiedensten Informationskanäle herausgefunden, was die Folgen einer Strahlentherapie sein können: Hautverbrennungen (leicht bis sehr schwer), Haarausfall (mäßig, aber nicht von der Hand zu weisen), Müdigkeit, Erschöpfung, Depressionen und Angstzustände, Vernichtung der Schweißdrüsen unter der bestrahlten Achsel, Hautbräunung, die sehr langsam,

manchmal gar nicht zurückgeht, also eine bleibende Pigmentveränderung; möglich sind auch, wenn auch selten, Lungen- und Herzschädigungen; bei Bestrahlung der Brust wird das Bindegewebe angegriffen, das sich in der Regel verhärtet. Mit Übelkeit und Erbrechen reagiert der Körper, wenn das Strahlenkontingent, das er aufnehmen kann, überschritten wird.[23]

Der Strahlentherapieplan für Margot, der nach der Größe des Krebstumors und seiner Aggressivität erstellt wurde, sieht fünf Strahlenbehandlungen pro Woche für den Zeitraum von ca. sechs Wochen vor.

Sie wird also, von Feiertagen und Wochenenden abgesehen, täglich dort in der Unterwelt sitzen und darauf warten, erst durch die eine, dann durch die andere Tür aufgerufen zu werden, den Oberkörper freizumachen und die filzstifttätowierten Körperfelder der Strahlung eines der Apparate zu überlassen.

30. Dezember 1987

Gerade beim Arzt gewesen, der mich weiterhin krankschrieb. Wenn alles so läuft, wie es laufen müßte, habe ich seit 7. Dezember Krankentagegeld von meiner Krankenkasse zu bekommen. Das wäre eine kleine finanzielle Absicherung in meiner augenblicklichen Situation: seit zwei Monaten keine Honorare mehr erschrieben, Lesungen mußten abgesagt werden. Ohne die Künstlersozialkasse würde ich jetzt vom Sozialamt abhängig sein.

Mehr als vier Wochen hier nichts notiert.
Am 30. 11. flog ich mit Roland zum 51. Internationalen P. E. N.-Kongreß nach San Juan/Puerto Rico. Am 28. 11. hatte ich erfahren, daß alles in Ordnung ist. Die Generaluntersuchung hat keinen »positiven« Befund gebracht. Die Computertomographie ergab lediglich einen kleinen, nicht ganz unverdächtigen Punkt in der rechten Brust (wurde in Herdecke doch an der falschen Stelle operiert?). Lymphdrüsen, Leber, Lunge – alles okay. Sie machten am 28. 11. auch noch eine Mammographie von der linken Brust. Ergebnis: der Krebstumor scheint restlos entfernt.
Die Brust war zu diesem Zeitpunkt schon angeschwollen. Die Aufnahmen sollen auf einen Bluterguß in der linken Brust hinweisen. Nach der Mammographie war sie noch stärker geschwollen, die Brustwarze völlig eingebettet.
Professor K., Leiter des Strahleninstituts, prüfte die Bilder, untersuchte mich, sprach eine gute halbe Stunde mit mir und schickte mich dann mit den besten Wünschen und der Bestätigung, daß die Bestrahlung guten Gewissens bis zum 28. 12. verschoben werden könne, nach Puerto Rico, wo er selbst schon einmal anläßlich eines Medizinerkongresses war. Wörtlich: »Eine Bestrahlung zum jetzigen Zeitpunkt diente nur der wissenschaftlichen Auswertung.«

3. Januar 1988

Die Zeit bewegt sich schnell – zu schnell?
Bis einschließlich Silvester war ich jeden Tag zur Bestrahlung. Gammastrahlen für die Achselhöhle, Plutonium für die linke Brust und für die Lymphdrüsen hinterm Brustbein – sagen sie. Gamma vier Minuten, die anderen drei Bestrahlungen (die Brust einmal von links, einmal von rechts) jeweils 30 Sekunden. Die zu bestrahlenden Stellen sind mit Filzstift markiert. Kriegsbemalung. Bei mir verblaßt die Markierung sehr rasch. Zur Abmilderung von Hautschäden wurde mir ein Puder verschrieben.
Meine Hinweise – auch bei Frau Dr. I., der Frauenärztin, die daraufhin beide Brüste noch einmal untersuchte –, daß die linke Brust nach wie vor entzündet sei, geschwollen, gerötet, schwer und gelegentlich schmerzend, werden abgetan. Das sei eben ein Hämatom. Die Brust würde sich ohnehin während der Bestrahlung verkleinern.
Heute kühle ich sie nun zum ersten Mal seit Puerto Rico wieder mit Eis. Selbsthilfe. Es tut gut.
Glücklicherweise habe ich mich in P. R. – in Boqueron – phantastisch erholt. Ich fühle mich stark und, trotz der Entzündung, gesund.
Stark.
Auch für die Strahlen!
Noch habe ich nicht den Eindruck, Auswirkungen der Bestrahlung zu bemerken. Ich weiß, das kann sich ändern, wird sich wahrscheinlich ändern. Aber bis dahin will ich wenigstens die ersten dreißig Seiten Roman geschrieben haben – und: die Märchen.
Ich habe Lust zu arbeiten.
Ich freue mich darauf!
Es wird ein Wettlauf mit der Zeit.

11. Januar 1988

Bis heute keine Strahlenauswirkungen auf der Haut.
Dafür: schwere Erschöpfungszustände, aber nur an den Bestrahlungstagen.
Gegen die Brustentzündung hat man mir ein Medikament verschrieben. Ich nehme, nachdem Roland mir den Horror-Waschzettel vorgelesen hat, die Minimaldosis pro Tag ein. Mißtrauisch, aber verunsichert: Möglicherweise hat der Arzt recht, und es hilft?
Außerdem kühle ich die Brust stark. Habe inzwischen aus der Not heraus ein System entwickelt, das ganz brauchbar ist: Ich lege ein feuchtes Gästehandtuch, längs zusammengefaltet, um eine kleine Schüssel, die in etwa den Durchmesser meiner Brust hat, und stelle diese Konstruktion Marke Eigenbau ins Tiefkühlfach. Sobald das Handtuch steifgefroren ist, löse ich's von der Schüssel, umhülle es – wegen der Nässe beim Tauen – mit Plastikfolie und befestige die so entstandene Kühlmanschette mit einem Dreieckstuch rund um die Brust. Es ist sehr wohltuend.
Die Brust ist zwar immer noch um gut ein Drittel dicker als die rechte, aber seit zwei Tagen: weniger Rötung, weniger Spannung im Gewebe und auch nicht mehr so schwer.
Dafür gibt es nun ein neues Problem: Ich suche nach Informationen.
Auf meine Frage im Strahleninstitut, ob es nicht eine Broschüre über die Auswirkung der Strahlen gäbe, vielleicht auch Hinweise, wie ich mich als Strahlenpatientin verhalten soll, um möglichst wenig negative Auswirkungen zu spüren, wurde ich abschlägig beschieden.
Ich habe daraufhin beim Krebsinformationsdienst in Heidelberg angerufen.[24] Auch dort sagte man mir, es gebe keine Broschüre. Aber meine Müdigkeit sei ganz normal. Die Haut könne bis aufs Fleisch verbrannt werden. Lun-

genschädigung (äußert sich als Husten, kann bis zum Lungenemphysem gehen) ist möglich.
Haut und Lunge würden sich jedoch nach Abschluß der Bestrahlung regenerieren. Schließlich wurde mir ein Buch zum Thema Brustkrebs empfohlen.
Empfohlen wurde mir auch, einen Arzt zu suchen, der sich mit Naturheilkunde beschäftigt, es gebe neben den Iscador-Spritzen noch andere Möglichkeiten, das Abwehrsystem des Körpers zu stärken. Ein Arzt ließe sich über die Ärztekammer finden.
Meine Telefonpartnerin war psychologisch geschult und außerordentlich freundlich und geduldig.
Trotzdem das Fazit: Letztendlich bin ich auf mich selbst und meine eigene Aktivität angewiesen.
Informationen erhalte ich nur mit viel Energie- und Geldaufwand und in der Regel bruchstückweise. (Selbst die Klinik in Herdecke konnte mir keinen Arzt in Köln nennen.)
Der Umgang mit den Auswirkungen der Strahlen scheint mir selbst überlassen. Instinktiv habe ich vielleicht schon das Richtige getan:
Mehrmals täglich einpudern, vor allem vor und möglichst gleich nach der Bestrahlung.
Seit vierzehn Tagen (Beginn der Bestrahlung) kein Wasser mehr an die bestrahlten Hautpartien.
Vitamin E und B (Hautschutz) in Tablettenform. Außerdem nehme ich nun schon seit Anfang Oktober (als ich ahnte, was auf mich zukommt) regelmäßig Mistel-Tabletten, Brennessel-, Zinnkraut-, Magnesium- und Vitamin A-Dragees, hohe Dosen Vitamin C in Form von Ascorbinsäure; trinke Rote-Beete- und Karottensaft.[25]
Ansonsten lebe ich z. Zt. so wie sonst auch, was Zigaretten und Alkohol anbelangt.
Aber: Ich esse mehr Obst, keine Wurst mehr, nur noch

ganz wenig Fleisch (auf keinen Fall Schweinefleisch), vermeide Nachtschattengewächse (außer hin und wieder Tomaten in Rolands Spaghettisoßen); trinke gelegentlich Milch (habe drei Wochen lang in Puerto Rico viel Milch, viel Papaya, viel Fisch und Austern gegessen).
Vermeide hektische Situationen und Streß. Werde ich hektisch, versuche ich, mich selbst zu beruhigen.
Ich arbeite weniger.
Dafür versuche ich, bewußter zu leben. Jeder Tag ist es, auch in seiner Alltäglichkeit, wert, gelebt zu werden.
Mindestens einmal am Tag versuche ich, den Ruhepunkt meines inneren Gleichgewichts zu finden. Dann betreibe ich das, was wohl Autosuggestion genannt wird. Auch unter den Bestrahlungsgeräten wende ich autogenes Training an, sage mir: Ich atme ruhig und regelmäßig; stimme mich positiv, rede mir gut zu, darauf zu vertrauen, daß die Strahlen mir helfen, daß auch die Haut damit fertig werden wird. Und vergesse keinen Augenblick, daß der Krebs in meinem Körper kein Schrecken mehr ist, sondern eine Zelleinheit, mit der sich zu arrangieren möglich sein muß. Ich sage mir: Damit kannst du leben.
Übrigens: Meiner Gesprächspartnerin vom Krebsinformationsdienst erzählte ich von meiner Brustkühlungsaktion. Sie reagierte verblüfft, aber nicht negativ: »Das höre ich zum ersten Mal«, und: »Natürlich. Das muß helfen, allein schon, weil die Durchblutung der Haut und damit ihre Überreizung runtergefahren wird.«[26]

Letzte Woche habe ich erste Romanseiten geschrieben. Darüber freue ich mich.

Heute zum ersten Mal Hautjucken über dem Brustbein. Von den fünf möglichen Bestrahlungswochen sind zwei vorbei.

VIII
Vorsätze verwirklichen

An Reiten ist nicht zu denken.
Schon gar nicht an Florettfechten.
Aber sie denkt an ihren Vorsatz, Italienisch zu lernen.
Noch hat sie den Plan im Kopf, den sie mit Roland entwarf, als sie beide weder etwas vom Krebs in Margots Brust wußten noch Puerto Rico kennengelernt hatten. Ihr Plan sah vor, sobald wie möglich einen längeren Zeitabschnitt im Jahr in Süditalien zu verbringen. Sie hatten den Ort gefunden, in dem sie sich vorstellten, leben zu können: Formia, ein Städtchen zwischen Neapel und Rom. Dort wollten sie sich im kommenden Herbst zur Probe einmieten, mit Schreibmaschinen und Manuskripten im Gepäck.
Sie meldet sich zum Italienischkurs an der Volkshochschule an.

27. Januar 1988

Für die Krankenkasse muß regelmäßig eine Bestätigung wegen Arbeitsunfähigkeit ausgestellt werden, damit ich Krankentagegeld bekomme. Dr. M. füllt aus und schreibt: »Grund der Arbeitsunfähigkeit: Folgen der Mammaamputation.«
Ich sage ruhig, ein wenig ironisch: »Die ist noch dran.«
M. blickt mich verständnislos an: »Was ist noch dran?«
»Die Mamma.«
Jetzt begreift er, murrt etwas vor sich hin, überschreibt den Begriff Amputation mit Operation.
In der Frauenarztpraxis soll Blut abgenommen werden. Die Sprechstundenhilfe erkundigt sich robust: »Auf welcher Seite ist die Brust ab?«
Ich: »Die ist nicht ab. Aber wenn Sie wissen wollen, welche Seite operiert ist, es ist die linke.«
Sie blickt verwirrt vom Spritzenbesteck hoch, denkt einen Augenblick nach und entschuldigt sich dann etwas bedrückt: »Tut mir leid. Ich muß fragen.« Die Art und Weise, wie sie fragt, scheint ihr nicht klar zu werden.
Das ist eine Erfahrung, andere sind positiv. So wird manche eher lockere Beziehung intensiver. Ich erfahre Zuwendung, Hilfsbereitschaft und geduldiges Zuhören von Menschen, mit denen ich bisher eher nur beruflich zu tun hatte.
Auch meine Schwester kümmert sich rührend und intensiv um mich. Sie erfährt den Schrecken der Krebserkrankung gleich zweimal aus nächster Nähe. Eine ihrer Freundinnen, D., wurde im April 87 an Brust- und Gebärmutterkrebs operiert. Sie ist erst achtunddreißig, hat zwei kleine Töchter. Seit Dezember 87 sind Metastasen aufgetreten, in Leber und Niere. M. erzählte es mir heute. Ich hatte nach D. gefragt. »Ich hatte Angst vor deiner Frage«, sagte sie. Sie weiß, daß mich diese Nachricht erschreckt.

Da ist er wieder. Der Schrecken. Das Entsetzen.
Ob ich es mit meinem Willen schaffe?
Eher glaube ich, ich lerne nach und nach, mit meinem Tod umzugehen. Manchmal trifft es mich unvorbereitet. Plötzlich wird mir mein Tod bewußt.

M. brachte heute ein neues Buch über Krebstherapie mit. Die Bücher häufen sich. Allmählich habe ich das Gefühl, nicht mehr lesen zu wollen.
Ich habe so viel gelesen, viele bruchstückhafte Informationen gesammelt. Aber es wäre wichtig, sich auch mit mir selbst zu beschäftigen.
Bewußter leben.
Das heißt auch: bewußter sich selbst empfinden.
Das ist kein Credo, nur ein Eindruck.

Heute die ersten dreißig Seiten am Roman abgeschlossen, das ist eine Seite pro Tag seit Rückkehr aus Puerto Rico, und an den Verlag geschickt.
Gestern bei der Zusage einer Lesung im Frühsommer das ungute Gefühl: Kannst du diesen zugesagten Termin überhaupt einhalten?
Zukunftsangst?
Ich denke, nein.
Ich denke nur nicht mehr in Zukunftsformen. Das hat sich verloren.
Roland kam heute mit der Nachricht aus Frankfurt zurück, man sei dort vielleicht an einem Feature über das politische Puerto Rico interessiert. Darüber hatten wir dort nachgedacht, unter der Prämisse: Wie kommen wir noch einmal kostenlos ins »Paradies«? Ich hatte das damals mehr als Wunschvorstellung gesehen, als schöne Gedankenspielerei.
Jetzt aber plant Roland.

Ich höre zu.
Wie schön das wäre, denke ich.
Dann werde ich ungeduldig und lehne ganz emotional jede Detailplanung für Dezember 88 ab. Ich sage es nicht. Gehe nur nicht auf Roland ein.
Mein Mißverhältnis zur Zukunft behalte ich für mich, freue mich aber gleichzeitig darüber, daß Roland an dieser Zukunft nicht zu zweifeln scheint.
Als er neulich sinngemäß sagte: »Zur Jahrtausendwende werden wir das und das machen und so und so vielleicht aussehen«, reagierte ich tiefgerührt, nicht, weil er uns dann noch als Paar, sondern weil er diese Zukunft sieht.
Klingt das resigniert?
Ich bin es nicht.
Bin ich realistisch?
Wohl auch nicht, denn ich spekuliere mit der Chance zu überleben. Natürlich tue ich das. Gleichzeitig meine ich aber zu wissen, daß ich nur dann eine Chance habe, wenn ich an der Harmonie festhalte. Mit dieser Krankheit so fertig zu werden, daß es einen guten Ausgang nimmt, hat etwas mit Harmonie zu tun, der Harmonie mit dem eigenen Schicksal, was bedeutet: Ich muß sie akzeptieren, die (zu frühe) Todesmöglichkeit, ich muß den Umgang lernen, den Umgang mit einem, wie es in alten Texten tröstlich heißt, Freund.

28. Januar 1988

Die Haut auf dem Brustbein ist inzwischen verbrannt, die Bestrahlung bis 22. Februar ausgesetzt.
Die linke Brust ist nach wie vor geschwollen, teilweise verbrannt. Die Verbrennungen sind aber nicht schlimmer als

ein mittelschwerer Sonnenbrand. Sie kamen übrigens erst nach dem Absetzen der Bestrahlung voll zum Vorschein.
Die Zeit der letzten vier Wochen habe ich zur Hälfte wartend in Arztpraxen und wartend im Strahleninstitut verbracht. Wenn ich die bleierne Erschöpfung und Müdigkeit hinzurechne, die mich nach jeder Bestrahlung befällt, bleiben mir täglich nur noch wenige Stunden, in denen ich mich mit etwas anderem als mit Krebsbehandlung auseinandersetzen kann. Das zermürbt.
Die angeschwollene linke Brust macht die Ärzte ratlos.
Prof. K. vom Strahleninstitut zieht sich auf die Behandlung der Haut zurück, verschreibt mir eine Cortisonsalbe und scherzt, er nehme diese Salbe jedesmal, wenn seine Haut von einem Sonnenbrand angegriffen sei. Seine Mitärztin, Frau Dr. K., behauptet, das Cortison ließe sicherlich auch die Schwellung etwas zurückgehen.
Fazit: Ich behandle die Brust selbst. Halte mich an das, wovon ich meine, daß es, mit gesundem Menschenverstand betrachtet, helfen könnte. Ich kühle sie und reibe sie inzwischen auch mit einer Venensalbe ein.
Trotz all dem nehmen die Tage wieder einen normalen Verlauf: Ich sitze, wenn auch nur kurze Zeit und rasch ermüdend, an meinem Schreibtisch, und das Zusammensein mit Roland verläuft so, als gäbe es nichts, das uns erschrecken könnte.
Es gibt Tage, besonders am Wochenende, wenn wir zusammen sind und weder ein Arztbesuch noch ein Strahlentherapietag ansteht, an denen ich manchmal den Krebs vergesse.
Erst die Rückkehr in den, wie ich es inzwischen nenne, medizinischen Alltag macht mich dann wieder wütend, manchmal auch traurig, hilflos, gibt mir ein Gefühl des Verlassenseins und der Ohnmacht.
Wütend macht mich vor allem die Art und Weise, wie mir

vieles von den Ärzten, die Spezialisten sind und es wissen müßten, selbst überlassen wird: die Suche nach Informationen über all das, was mit der sogenannten Nachsorge zusammenhängt und mir gegenüber anscheinend vernachlässigt wird, von den psychischen Schwierigkeiten ganz zu schweigen. Als ich Frau Dr. I., der Frauenärztin, gegenüber erwähnte, ich litte unter Schlafstörungen und nächtlichen massiven Angstzuständen, bot sie mir ein Beruhigungsmittel an. Ich habe es dankend abgelehnt: »Das ist es nicht, was ich brauche.« Ich glaube, sie hat meine Ablehnung gar nicht verstanden.
Trotzdem fühle ich mich wohl. Ja, manchmal sogar kräftiger als im vergangenen Sommer, als ich noch gar nicht ahnte, was mir bevorsteht. Das überrascht mich.

29. Januar 1988

Die Brust wird besser. Liegt es an der Selbstbehandlung? Ich versuche, ohne die Cortisonsalbe auszukommen. Seit gestern träufle ich Zitronensaft auf die wunde Haut, darüber dann das Brandgel, das die Frauenärztin verschrieben hat, bzw., in Abwechslung, die Venensalbe. Das Jucken hat nachgelassen, auch das Hautbrennen. Sollte es mir mit der Zitrone gelingen, die Haut zu beruhigen, werde ich Prof. K. sein Cortisonrezept dankend zurückgeben.
Er hat mich selbst auf die Idee mit der Zitrone gebracht. Zitrone hilft gegen Sonnenbrand. Ein altes Hausmittel.

Immer deutlicher meine ich zu begreifen, daß der Ausbruch des Krebses mit geschwächter Abwehrkraft des Körpers zu tun haben muß. Forscher in Köln gehen jetzt daran, einen Zusammenhang zwischen Streß und Schwächung des

Immunsystems herauszufinden. Auch das wäre eine Erklärung. Ich habe mich seit meiner Heirat – auch in den letzten Jahren, nachdem ich mich von W. getrennt hatte – immer unter Streß gefühlt. Bis vor etwa zehn Jahren empfand ich diesen Streß als Herausforderung, danach wurde er für mich gefühlsmäßig immer mehr eine Überforderung.

Da war dieses Bedürfnis, das in den letzten zwei, drei Jahren immer stärker wurde: Eigentlich willst du dich zur Ruhe setzen. Da war diese Furcht vor den siebzehn Jahren, die ich bis zur Rente noch arbeiten und Geld verdienen muß. Da war der Überdruß am täglich ablaufenden (wie Wasser ablaufenden) Leben.

Das müssen Signale gewesen sein.

Das waren Signale.

Ich empfand sie, konnte sie aber nicht deuten.

IX
Patientin außerhalb der Norm

Der leitende Arzt des Strahleninstituts spricht von einer Überreaktion der Haut. Sie ist leicht gerötet, wie bei einem Sonnenbrand, die Hautreizung nahm nach Absetzen der Bestrahlung noch zu.
Die geschwollene Brust ist Anlaß zur Sorge.
Margot unterzieht sich einer zweiten Computertomographie. Sie verweigert die Einspritzung des Kontrastmittels nach Rücksprache mit Dr. K., der zugibt, daß es für diese Aufnahmen nicht zwingend notwendig ist.
Als die Röntgenaufnahmen vorliegen, begreift Margot, daß die Ärzte damit gerechnet haben, ein Rezidiv in der linken Brust, wenn nicht sogar schon Metastasen in ihrem Körper zu finden. Zum ersten Mal ist die Rede davon, daß sie eine Patientin außerhalb der Norm sei. Die Norm ist eine amputierte Brust.
Sie gehört zu einer Minderheit.

7. März 1988

Die Eintragungen werden zeitlich weiträumiger. Dafür gewinnt das Lesen dieser Eintragungen für mich an Gewicht.
Der Alltag hat das Gefühl des Bedrohtseins abgeschwächt, abgedrängt, in die Nächte verdrängt. In Nächte, die manchmal Alpträume sind.
Schlafen an der Oberfläche.
Aufwachen mit gedanklichen (nicht bildlich geträumten) Angstvisionen von Metastasen.
Ich sage mir: Metastasen lassen sich auch herbeidenken, herbeireden, herbeiängstigen. Die ängstliche Erwartung könnte den Boden bereiten, im wörtlichen Sinn: den Nährboden.
Also versuche ich, meine Gedanken zu disziplinieren, meine Ängste abzuwehren. Ich weiß: Das verflixte Unterbewußtsein spielt noch nicht mit. Noch nicht?
Psychologen sagen, es gebe die Möglichkeit, auch das Unterbewußtsein zu beeinflussen. Ich denke: Ich will, daß es sie gibt. Ich will überleben. Ich will nicht an dieser Krankheit zugrunde gehen. Auch deshalb ist es wichtig, gelegentlich in diesen Aufzeichnungen zu lesen, mich an meinem aufgeschriebenen Lebenswillen aufzurichten. Kräfte schöpfen aus der eigenen Kraft, die ich vergessen könnte, hätte ich sie nicht niedergeschrieben. Ich erfahre, daß ich lebe.
Daß ich mich zur Zeit etwas schwächer fühle, etwas lebensunlustiger, müder, abgeschlagener, kraftloser, das liegt vielleicht auch am zu Ende gehenden Winter.
War es nicht jedes Jahr so? Diese Monate der Kälte, Nässe, Dunkelheit, die mich aufzuzehren scheinen.
Das muß kein Grund für stille Panik sein.
Geduld!

10. März 1988

Seit einer Woche wird die Strahlenbehandlung fortgesetzt. Die Brust ist immer noch angeschwollen, aber sehr viel weniger als im Februar.
Inzwischen scheint sich meine Vermutung zu bestätigen, es handle sich bei dieser Schwellung um einen Stau der Lymphflüssigkeit, also um ein Lymphödem, wie es sonst eher im Arm entsteht. Zögernd stimmen die Ärzte meiner Erklärung zu, mit dem Hinweis, so etwas hätten sie bisher noch nicht gesehen. Behandlungsvorschläge werden keine gemacht. Prof. K. ordnete eine neuerliche Computertomographie an. Als die Aufnahmen zeigten, daß in dieser geschwollenen Brust kein Rezidiv sitzt, bestätigte er mir, die Schwellung auf ein Rezidiv zurückgeführt zu haben. Am Ende: Ratlosigkeit.
Der »Sonnenbrand« auf der Haut ist abgeklungen. Ich denke, die Zitrone hat geholfen.
Allerdings habe ich in den letzten vierzehn Tagen vor der neuerlichen Bestrahlung dann doch noch auch die Cortisonsalbe gelegentlich verwendet, da die Brust nach einer Präsidiumssitzung[27] enorm angeschwollen war und ich nicht mehr die Kraft hatte, mich nicht irre machen zu lassen. Was tatsächlich geholfen hat oder ob es nur das Zusammenwirken der verschiedenen Komponenten war – ich denke, das läßt sich nicht sagen.
Die ziehenden Schmerzen im Achselbereich, die gleich nach der ersten Bestrahlung der zweiten Serie einsetzten, sind seit dem Auftragen von Venensalbe fast vollständig verschwunden.
Da erst ein Viertel der Bestrahlung aus der zweiten Serie stattgefunden hat, werde ich abwarten müssen, was diese Selbstbehandlung tatsächlich bewirkt.

Immer mehr neige ich dazu, diese Aufzeichnungen zu veröffentlichen. Sie könnten anderen Frauen vielleicht helfen, mit dem Schrecken des Krebses und dem Erschrecken in der Behandlung nach der Operation zurechtzukommen.
Aber ich sollte damit doch warten.
Abwarten. Wie oft habe ich dieses Wort hier schon benutzt?
Abwarten, wie lange? Ich denke, mindestens ein Jahr.
Ich scheue mich, Aufzeichnungen aus der Hand zu geben, die den Eindruck erwecken könnten, es sei alles gutgegangen, obwohl ich mich noch nicht sicher fühle.
Eigentlich wollte ich schreiben: während ich vielleicht bei Drucklegung der Aufzeichnungen schon tot bin.
Wie unsicher ich bin, sehe ich an dieser Schwierigkeit, die Ängste auch auszusprechen. Ich muß meine Gedanken ordnen; die Gefühle ordnen und: ehrlich bleiben. Keine Beruhigungsgesten!

Als ich am vergangenen Freitagabend verstört von der Bestrahlung nach Hause kam und Roland davon erzählen mußte, um mich selbst zu entlasten, sagte er Stunden später, wir lagen schon im Bett, und ich spürte die Wärme seines Körpers: »Du mußt auch das aufschreiben. Nicht nur reden. Schreib es auf, es hilft dir vielleicht.«
Verstört hat mich vieles.
Vor zwei Tagen fiel das Gammatron wegen eines Defektes aus. Was bewirkt ein Defekt an einem Gerät dieser Art? Welchen Defekten sind wir, die wir bestrahlt werden, ausgesetzt?[28]
Am nächsten Morgen funktionierte es wieder. Ich war für 8 Uhr 15 angemeldet. Müde noch, lethargisch wie immer am frühen Morgen, legte ich mich unter das Gerät. Wie immer die Brille auf der Nase, um die optische Kontrolle nicht zu verlieren und nicht auch noch dem Nicht-deutlich-

sehen-Können ausgeliefert zu sein. Den linken Arm hinter den Kopf gewinkelt, den Kopf zur Seite gedreht, den nackten Oberkörper unter dem Strahlengerät.
Das Strahlenfeld wird mit Blei-»Bausteinen« abgesteckt, d. h. Bleistücke werden auf das Rastergitter unterhalb der Strahlenquelle so gelegt, daß die Strahlen nur einen bestimmten Körperabschnitt treffen. Danach verläßt die Helferin den Raum. Die Bleitüre schließt mit einem schabenden Geräusch. Die Kontrollampen an der Wand springen von Grün über Gelb auf Rot. Damit wird der bunkerartige Raum zur Verbotszone. Im gleichen Augenblick läuft der Motor des Gammatrons mit einem leichten Brummton an. Die Bestrahlung dauert viereinhalb Minuten.
Als der Motor an diesem Morgen anspringt, trifft mich ein Bleistück.
Ich erschrecke. Ich brauche Zeit, um zu begreifen.
Ich bewege mich nicht. Hilflosigkeit.
Nicht bewegen, sage ich mir, nur nicht bewegen, das ließe die Strahlen falsch auftreffen.
Was aber ist mit dem freigewordenen Feld? Dort, wo das Stück Blei lag, sollte ich abgeschirmt werden.
Ich sehe die rote Lampe auf Grün springen, die Bleitür, die ich nur hören kann, schiebt sich auf, die Helferin kommt herein, es ist »meine Indianerin«. Meine Unterlippe blutet. Ein junger Arzt, den sie holt, tut das als Quantité négligeable ab. Sie ist aufgeregt, erschreckt, entschuldigt sich, legt das Blei erneut auf das Rastergitter, verläßt den Raum. Ich spüre: Gleich fängst du an, hysterisch zu weinen. Ich verbiete es mir. Die Bleitür schiebt sich zu. Das Lichtsignal springt von Grün über Gelb auf Rot. Das Gammatron springt an. Ich verkrampfe meinen Körper. Es passiert nichts.
Zwei Tage später kommt es am Linac zum Defekt, der die

Bestrahlung um eine Stunde verzögert: Die Bleitür schließt nicht mehr. Sie wird repariert.
Ich liege unter dem wohl tonnenschweren, schwenkbaren Gerät, die Tür ist geschlossen, und ich überlege, was geschieht, wenn sich diese Tür, die sicherlich dreißig bis vierzig Zentimeter dick ist, nicht mehr öffnen läßt? Die Wände und die Decke in diesem Souterrainraum müssen strahlengeschützt gebaut sein, also bleigepanzert. Es gibt keine Fenster.
Der Raum ist weitläufig, schätzungsweise drei Meter hoch und etwa vierzig bis fünfzig Quadratmeter groß. Wie lange würde die Luft zum Atmen ausreichen?
Wie lange würde es dauern, die strahlensichere Tür aufzubrechen?
Der Technik ausgeliefert.
Eine Technik, die Menschen unzweifelhaft hilft. Aber: ausgeliefert. Der Phantasie keine Grenzen gesetzt –.
Am Freitag dann:
Die junge Frau: nur noch ein zerbrechlicher Körper, fast so, als wäre sie aus Glas, weißgelbliche Gesichtshaut, abgezehrte Hände, die nervös in einer Illustrierten blättern. Sie geht mühsam am Stock. Die Augen übergroß. Augen, wie ich sie auf Bildern aus Hungergebieten dieser Erde gesehen habe, Augen hungernder Kinder. Augen, die den Tod durchblicken lassen. Im Gegensatz dazu die Aufmachung der jungen Frau: Sie hat die geblondeten Haare zu einem hochangesetzten Pferdeschwanz aufgebunden, ein buntes Perlenkettchen hängt seitlich in der Frisur, wie ein Talisman. Sie trägt Jeans, Rüschenbluse, weiße Stiefeletten. Die Lippen blutleer und fest aufeinandergepreßt. Kein Blick für die Mitpatienten. Sie kapselt sich ab. Dazu hat sie ein Recht.
Mich erschreckt, zu sehen, was der Krebs anrichten kann. Mich ängstigt meine eigene mögliche Zukunft.

Beim Warten auf die Gammabestrahlung im Flur vor dem Strahlenraum dann die alte Frau auf der Krankenbahre. Man hat die Bahre ungünstig abgestellt. Sie liegt so, daß sie die hereinkommenden Patienten nur hören, nicht sehen kann, daß sie die Füße, die ein wenig über den Rand der Bahre hinausragen, anziehen muß, sobald jemand vom Raum mit den Monitoren, Computern und Karteien zum Bestrahlungsraum geht.
Ihr Bauch ist gewölbt wie bei einer Schwangeren. In den Händen hält sie Verbandszeug. Irgend jemand hat es ihr wohl halbaufgerollt zur Verwahrung gegeben. Geduldig zieht sie immer wieder die Füße an. Sie gibt keinen Laut von sich. Sie scheint stumm zu ertragen.
Dann wird sie von einem der jüngeren Ärzte angesprochen. Es ist der gleiche, den ich vor Wochen hinter dem Vorhang, der den Überwachungsraum vom Flur trennt, zu einer Assistentin sagen hörte: »Wir lügen hier leider mehr als genug.« Er spricht die alte Frau auf der Bahre mit dieser forschen, tatkräftigen, vorgeblich optimistischen Arztstimme an, Beschwichtigung und Aufmunterung im Ton.
Ich werde zur Bestrahlung gerufen. Ich höre noch, wie er sagt: »Wir wollen noch etwas länger bestrahlen, weil doch der Wirbelknochen angefressen ist.«
Ich spüre mein Entsetzen.
»Geht es Ihnen nicht gut?« fragt die Helferin. Ich will hilflos und abwehrend mit den Schultern zucken. Aber dann sage ich es, sage: »Es ist nicht leicht, das alles zu sehen, wenn man selbst nicht weiß, was noch auf einen zukommt.«
Sie nickt stumm.
Ich habe das Gefühl, zeitweilig nicht mehr zwischen Wirklichkeit und Alptraum unterscheiden zu können.

X
Angst und Abwehr

»Es geht«, schreibt Margots Schwester, »D. sehr schlecht. Sie hat alle Haare verloren, auf die sie so stolz war, wie Du's auf Deine bist. Aber der Krebs wächst weiter. Jetzt macht sie mit ihren beiden Töchtern eine Familientherapie, um psychisch damit klarzukommen. Aber sie will nicht mehr. Sie hat Angst vor jedem Termin in der Chemotherapie. Weil es ihr dann so schlechtgeht, daß sie nur noch mit Mühe die Treppen zum ersten Stock hinaufsteigen kann, will sie ins Parterre umziehen. Wir renovieren die Zimmer für sie. Sie hat einen Pilz gefunden, der den Krebs aufhalten soll. Willst Du auch etwas davon?«
Nein. Sie will nichts davon.
Sie nimmt die Vitamine, die sie sich selbst verschrieben hat.
Sie ist zu müde, noch mehr zu tun. Zermürbt und abgekämpft. Aufgerieben.
Eine Kollegin erzählt ihr von der Sauerstofftherapie. Eine andere schickt ihr ein Informationsblättchen zur Thymustherapie. Sie liest über Ozontherapie und Sonnenlichttherapie.[29]
Sie kapselt sich ab.
Es gibt viele Nächte, in denen sie nicht schlafen kann.
Manchmal trinkt sie mehr Whisky, als ihr guttut.
Irgendwann weint sie dann.
Es ist die Angst. Als könnte der Tod sie jede Minute einholen.

»Aber«, sagt ihre ältere Tochter, der sie von ihrer Angst erzählt, »du kannst doch nicht die Angst zum Zentrum deines Lebens machen. Wie willst du dann noch leben oder auch nur schreiben?«
Darüber denkt sie nach. Dieser Satz wird zu einem Überlebenssatz.
Heute ist es einfach, die Angst mit Sätzen an die Wand zu reden. Im Frühjahr 88 war diese Angst eine bedrohliche Realität.
Da ist nicht nur die kranke Freundin der Schwester.
Da ist auch der Kollege aus dem Gremium, in dem sie sitzt. Sie hat ihn im Februar zum ersten Mal nach ihrer Operation wiedergesehen. Er ist abgemagert. Er hat schon die tiefliegenden Augen. Die kennt sie von todkranken Patienten. Die machen ihr Angst.
Sie hat versucht, ihm von anderen Eßgewohnheiten, von stärkenden Therapiemaßnahmen zu erzählen. Er glaubt an die Ärzte. An die Chemotherapie, die ihn sehr mitnimmt. Schreibend kehrt er in seine Kindheit zurück. Er schreibt an seinen Erinnerungen. Als lebte er ihr das Sterben vor. Als er stirbt, ist sie nicht einmal fähig, an seiner Beerdigung teilzunehmen. Sie hat keine Kraft. Sie fürchtet sich vor dem eigenen Schicksal, das sie mit trotzigen Abwehrgesten bannen will.

In einem Zeitungsartikel liest sie von einem Experiment mit Kindern in den Vereinigten Staaten von Amerika. Ihnen werden auf dem Bildschirm in einer Spielhandlung die Krebszellen als Feinde vorgeführt, psychologisch so geschickt aufgebaut, daß diese Kinder emotional mit Abwehr auf die eigenen Krebszellen reagieren. Die Heilungserfolge sollen erstaunlich hoch sein.
Also hat die Psyche doch eine Chance.
Also kann sie beeinflussen? Sie versucht es auf ihre Weise.

Sie bekämpft den Krebs nicht als Feind wie die amerikanischen kleinen Krebspatienten. Intuitiv hat sie die zerstörenden Zellen in ihrem Körper als Schmarotzer akzeptiert, als Lebende im Lebenden. Als Leben, mit dem zu leben sie entschlossen ist.
Möglicherweise ist das ein Schlüssel zum Überleben?

25. März 1988

Heute: letzte Gammabestrahlung unter der linken Achsel.
Am Mittwoch, vor zwei Tagen: letzte Plutoniumbestrahlung der Brust.
Vor einer Woche: letzte Plutoniumbestrahlung auf den Bereich der Lymphdrüsen unter dem Brustbein.
Als hätte ich das Ende eines Tunnels erreicht. Erleichterung. Ich weiß, ich werde noch einige Tunnels vor mir haben. Aber: erst einmal Luft holen, erst einmal aufatmen!
Und weil es hier unentwegt regnet und kalt, feucht, naß und dunkel ist, trotz Frühlingsanfang, weil ich mir im Strahleninstitut eine Woche Pause auserbeten habe, ehe es mit der sogenannten Punktbestrahlung[30] auf das Operationsfeld und den Sitz des ehemaligen Tumors weitergeht, und weil ich meine, es ginge mir zwar gut, aber es könne nichts schaden, noch ein bißchen etwas für mich zu tun: deshalb habe ich vorgestern eine Reise (natürlich zu zweit!) nach Djerba für eine Woche gebucht, habe mich wie ein Kind aufs Schuleschwänzen gefreut.
Nun, ja.
Als ich heute morgen bei Frau Dr. I., der Frauenärztin, ein Rezept für eine neue Packung Iscador abholen wollte, hieß es: »Die Frau Doktor will Sie noch sprechen.« Ich wies auf meine knappe Zeit hin – um 10 Uhr 30 war ich zur letzten Bestrahlung angemeldet. Daraufhin ging es erstaunlich schnell (nicht möglich, wie schnell es gehen kann. Wie lange habe ich sonst dort in ihrer Praxis gewartet!). Sie setzte sich mit mir ins leere zweite Wartezimmer, von dem ihre Sprechstundenhilfe zehn Minuten zuvor behauptet hatte, es sei voll. Wir saßen nebeneinander auf dem Sofa. Ich wurde erst einmal gestreichelt, nervös und hektisch, meine Hand wurde lange gedrückt.

Schließlich der Hinweis auf eine Anti-Östrogen-Therapie.[31] Frau Dr. K. im Strahleninstitut werde noch mit mir darüber sprechen.
Ich: »Was sind die Folgen einer solchen Behandlung?«
Sie (Frau Dr. I.): »Die Menstruation wird gestoppt.«
Ich: »Also vorzeitige Wechseljahre?«
Sie: »Ja. Wahrscheinlich gibt es Hitzewellen und so . . .«
Ich: »Dann ist es doch einfacher, die Eierstöcke zu entfernen, oder nicht? Ich meine: anstatt ein Medikament einzunehmen.«
Sie: »Wollen Sie das? Eine Eierstockkastration? Eine Operation ist viel anstrengender.«
Kurz: Ich hörte mir an, was sie von seelischer Vorbereitung und Überdenken sagte, fragte dann, ob es informative Literatur über die Anti-Östrogen-Therapie gebe. Ja, die gebe es. Sie deutete auf ein Beiheftchen in einer Medikamentenpackung, wie sie Ärzte von den Pharmavertretern als Probe bekommen: Das sei die Literatur, aber sie habe sie auch gerade erst von der Pharmazie bekommen, und ich müsse ihr schon erlauben, sie zuerst zu lesen.
Ich konnte mir nicht verkneifen, freundlich, scheinbar naiv zu antworten: »Aber selbstverständlich, Frau Doktor!«
Nervös und hektisch, wie sie mich zuvor ihrer Sympathie versichert hatte, versicherte sie mir nun auch, sie wolle mündige Patientinnen, sie würde jede aufklären, sie sei auch dafür, Befunde an die Patientinnen weiterzugeben. Ich wies freundlich und bestimmt darauf hin, daß ich genaue Informationen zur Anti-Östrogen-Therapie haben wolle, Informationen, die Auskunft geben über Wirkung und Folgen. Ich versuchte zu erklären, daß ich ein Mensch bin, der sich erst einmal gründlich informieren muß, ehe er entscheiden kann.
Wir schieden voneinander mit der Versicherung von ihrer Seite, ich bekäme die Pharmainformation, sobald sie selbst

sie gelesen habe. Trotz eines Weltuntergangsregens über der Stadt traf ich gerade noch rechtzeitig zur Bestrahlung im Institut ein.
Dort hatte man mir gestern schon gesagt, Frau Dr. V., eine junge, wohl Frau Dr. K. untergeordnete Ärztin, wolle mich noch einmal sprechen, was mich gestern zwar wunderte, aber ich hatte nicht weiter darüber nachgedacht.
»Meine Indianerin«, die mich und die Bleibausteine heute wieder einmal fürs Gammatron zurechtlegte, ist die einzige, die sich inzwischen ein wenig mit meiner bockigen Patientenart angefreundet hat. Neulich klagte sie: »Wir haben überhaupt keine Zeit, mit den Patienten zu reden, dabei glaube ich, die Patienten brauchen das. Sie sind doch keine Maschinen.«
Ein andermal bewunderte sie plötzlich meine Haare, strich sich selbst mit der Hand durch die kurzgeschnittene Frisur und begann, von ihrem langen dicken Zopf zu erzählen, den sie einmal getragen hat: »Aber die Haare wurden immer dünner, da habe ich sie abgeschnitten. Seit ich hier arbeite, sind die Haare dünner geworden. Ob das mit den Strahlen zusammenhängt?« Sie hat ein zweijähriges Töchterchen zu Hause und arbeitet täglich acht Stunden ohne Mittagspause, um früher bei ihrem Kind zu sein.
Heute sprachen wir vom Wetter. Ich erzählte ihr von meinen Reiseplänen für Djerba und versprach, sofort Sonne zu schicken, sobald ich dort angekommen sei.
Danach saß ich draußen und wartete auf Frau Dr. V. Ich wartete wieder einmal mehr als eine Stunde. Ich wurde ungeduldig, ärgerlich, zornig, schließlich hatte nicht *ich* um einen Termin gebeten und empfand es als ungehörig, mich nun warten zu lassen, mir meine Zeit wegzunehmen.
Schließlich sah mich »meine Indianerin«, die irgendwelche Akten wegtrug, auf dem Flur immer noch warten. Spontan lief sie ins Ärztezimmer und erinnerte dort wohl an mich.

Fünf Minuten später wurde ich hineingebeten und hörte mir an, wie Frau Dr. V. in Beisein eines jungen Kollegen versuchte, mir die Anti-Östrogen-Therapie begreiflich zu machen. Sie handelte nach dem Motto, so schien es mir: Was du dem Patienten sinnlich verstehbar machst, dem stimmt er auch zu...

Ich erinnerte mich an mein erstes Gespräch mit Dr. S., in dem er mir die Brustamputation plausibel machen wollte. Es war die gleiche Kleinkindermetaphorik. Als hätten sie es mit Schwachsinnigen zu tun! Sie sollten ihre Umschreibungen besser von Berufsmetaphorikern, zum Beispiel von Poeten, ausarbeiten lassen! Das Ganze wäre dann wenigstens so elegant vorzutragen wie die Argumentationskette eines Vertreters. Sie müssen ja nicht unbedingt auch noch schauspielerische Fähigkeiten entwickeln, aber wenigstens die sprachliche Kreativität sollte auf Erwachsenenniveau gelegt werden! Also: Dr. S. sprach vom faulen Apfel, der ein muffiges Apfelmus ergibt, wenn die »Hausfrau« (= O-Ton) ihn nicht weit genug ausschneidet oder gleich wegwirft.

Frau Dr. V. bezeichnete die Anti-Östrogene als Agents provocateurs (eine Sprachregelung, der ich später auch bei Prof. K. begegne), redete von einem »Täuschungsmanöver« (Kriegssprache), das dem Karzinom gegenüber ausgeführt werden müßte.

Krebszellen, deren Hormonrezeptoren positiv sind (das war bei mir der Fall), »fressen Östrogen« (O-Ton). Das Anti-Östrogen tritt im Körper als Östrogen »getarnt« auf. »Die Krebszellen schlucken, was sie kriegen können, und merken zu spät, daß sie sich am Anti-Östrogen verschluckt haben.« (O-Ton.)

Gut. Das bedeutet also: Das Anti-Östrogen verhindert, daß sich Krebszellen mit echtem Östrogen aus dem Körper anreichern und »wachsen und gedeihen«.

Gut?
Nicht gut.
Ich will mehr wissen und werde weiter aufgeklärt: Da das Gehirn jedoch zwischen echtem und falschem Östrogen im Gegensatz zu den Krebszellen sehr wohl unterscheiden könne, so Frau Dr. V., »gibt es«, bei Anti-Östrogen-Gaben, an die Eierstöcke »den Befehl«, vor allem Östrogen zu produzieren. Das aber würde das ganze Täuschungsmanöver in Gefahr bringen. Also müßten die Eierstöcke stillgelegt werden.
»Das machen wir mit einer kleinen Bestrahlung.«
»Gamma?«
Verwundertes Aufblicken, dann Bestätigung mit der sofort nachgeschobenen Versicherung, das sei ganz harmlos.
Auch die Körperreaktionen auf den vorzeitigen Eintritt der Wechseljahre seien ganz harmlos.
Selbst die Nebenwirkungen des Anti-Östrogen seien im Grunde harmlos, auch wenn alles mögliche auf dem Beipackzettel stünde; die Pharmaindustrie würde sich ja heutzutage mehr als hundertprozentig absichern, um keine Prozesse »an den Hals zu bekommen« (O-Ton). Solche Beipackzettel würden die Patienten nur unnötig verschrekken und verunsichern.
Ich will mehr wissen. Lasse mich auf dieses »Spiel« ein. Das Stillegen der Eierstöcke hatte Frau Dr. I. vor zwei Stunden noch recht unsanft als »Eierstockkastration« bezeichnet. Mit, wie ich meine, gesundem Menschenverstand ausgerüstet, erkundige ich mich, warum die Anti-Östrogen-Therapie denn noch notwendig sei, wenn die Eierstöcke zerstört seien und kein Östrogen mehr produzierten.
Die Antwort darauf weiß ich nicht mehr. Ich erinnere mich dagegen sehr genau daran, wie sich Frau Dr. V. dagegen wehrte, vom »Zerstören« der Eierstöcke zu sprechen, das

klinge so brutal. Ich frage in versöhnlichem Ton, wann denn die Zerstörung der Eierstöcke geplant sei? Daß sie bereits fest vorgesehen war, davon ging ich aus.
»Am Dienstag nach Ostern.«
Das wäre in zehn Tagen.
Ich lehne entschieden ab.
Noch einmal versuche ich, mein Informationsbedürfnis klarzumachen. Anstatt darauf einzugehen, tastet Frau Dr. V. mein Verhältnis zur Anthroposophie ab, da ich mich ja in Herdecke habe operieren lassen, meint: »Dort wird man Sie sicherlich umstimmen wollen, wenn Sie von unserem Vorschlag erzählen.« – Als hätte ich bereits zugestimmt!
Die klassische Medizin, so Frau Dr. V., ginge nun mal härter vor.
»Aber wenn Sie meine Mutter wären, würde ich Ihnen ganz dringend und ganz unbedingt zuraten!« Ich schätze, sie ist zehn bis zwölf Jahre jünger als ich.
Hartnäckig frage ich wieder nach Literatur zur Anti-Östrogen-Therapie. Frau Dr. V. antwortet mit Statistiken, die sie frei referiert. Danach sollen Frauen, die mit Anti-Östrogen behandelt wurden, weit weniger Metastasenbildung aufweisen. Darüber gäbe es wissenschaftliche Erkenntnisse.
Das glaube ich ihr sogar.
»Wie lange müßte ich das Medikament einnehmen?«
Sie zögert, weicht aus. Als ich von »lebenslänglich« spreche, gibt sie es zu, kontert sofort mit dem Hinweis auf Metastasen, die Gefahr der Metastasenbildung sei bei Brustkrebs bis zu zehn Jahren vorhanden (sie lügt nicht).
Als ich dann, nach längerem Hin und Her, eindeutig ablehne, in zehn Tagen meine Eierstöcke so mir nichts, dir nichts mit Gammastrahlen zerstören zu lassen, fragt sie nur noch, ob ich denn meinte, daß sie mich genügend über die

Vor- und Nachteile der Anti-Östrogen-Therapie aufgeklärt habe. Sie habe mit mir ja dieses Gespräch geführt und würde das für Frau Dr. K. und Prof. K. in meinem Patientenbogen vermerken. Ob ich noch Fragen hätte?
Ich habe das Gefühl, in einen Hinterhalt geraten zu sein. Klar, sie will tüchtig sein, das soll auch Frau Dr. K. wissen. Sie ist ehrgeizig. Und ich erinnere mich des ersten Bestrahlungstermins im Dezember, als sie, Frau Dr. V., in die Umkleidekabine kam und mir kurz sagte, was wie vor sich geht. Als ich bat, über die Folgen der Strahlentherapie erst einmal aufgeklärt zu werden, lächelte sie mich an und fragte: »Hat Frau Dr. K. nicht mit Ihnen darüber gesprochen?« – »Nein.« – »Gar nicht?« Und: dabei blieb's. Gut, sie sagte noch etwas von Hautrötung, wies jedoch Müdigkeit, Haarausfall und Depressionen als unmöglich zurück. – Ganz zu schweigen von den Lungenschädigungen.
Nun hat sie also im Hühnerhof des Strahleninstituts den Coup mit einem ersten Gespräch über eine Anti-Östrogen-Therapie gelandet, was ihrem Rang in der Hackordnung sicherlich guttut. Am liebsten, denke ich, hätte sie mich sofort unters Gammatron gelegt. Das wäre dann ein voller Erfolg gewesen.
»Oder haben Sie noch Fragen?«
Natürlich wird nicht beantwortet, was nicht gefragt ist. Wer will Patienten verschrecken?
Sie schreibt bereits an ihrer Eintragung ins Patientenblatt.
Wir scheiden voneinander, indem sie mir schließlich den Beipackzettel eines Anti-Östrogen-Präparates mitgibt, weil ich sie hartnäckig um Information bitte. Ich verweise darauf, daß ich mir Zeit nehmen werde. Schließlich ist der (»freiwillige«) Eintritt in die Wechseljahre eine irreversible Entscheidung, sozusagen eine fürs Leben.

XI
Todesangst und Lebensbeweis

Draußen geht die Welt in Regenstürzen unter. In ihrer Dachwohnung sitzt Margot wie in einer Unterwasserburg; die Fensterscheiben blind vor Nässe.

Sie hätte auch zur Kur fahren können. Jeder Krebspatientin steht einmal jährlich eine Kur zu. Es wären vier Wochen und nicht nur eine. Vier Wochen in einer Kurklinik unter ärztlicher Betreuung, vier Wochen zusammen mit anderen Krebspatienten, vier Wochen sich einfügen in einen vorgefertigten Tagesablauf. Sie kann es nicht. Sie weiß, daß sie das nicht kann. Sie würde seelischen Schaden nehmen. Auch die Vernunft könnte sie nicht davor bewahren, die eine solche Kur als sinnvoll erscheinen läßt. Ihre Erfahrungen in Kinderheimen und Krankenhäusern stehen dagegen. Als Kind hat sie dort das Fürchten gelernt.

Als die beiden nach Djerba gebuchten Flüge storniert werden, weil der Veranstalter mehr Plätze verkaufte, als zur Verfügung standen, telefoniert Margot hinter Restplätzen her. Die Flüge sind ausgebucht. Zu Ostern scheint die Bundesrepublik evakuiert.

Schließlich sitzt sie mit Roland morgens um fünf im Zug nach Düsseldorf, um sieben im Bus nach Amsterdam, um zwölf Uhr in einer Maschine der KLM, die drei Stunden auf dem Rollfeld auf die Freigabe des Flugs wartet, und ist nach Einbruch der Dunkelheit in einem Appartement auf Gran Canaria angekommen. Für eine Woche entkommt sie den Beängstigungen.

Es gibt keine Todesangst mehr.
Es gibt keine Margot, die Abschied nehmen wollte. Auch keine, die darüber nachdenkt, ob sie wohl noch einmal hierher zurückkehren wird.
Sie nimmt den Wind auf der Haut, die Sonne und das Meer, in das sie hinausschwimmt, verschwenderisch, so, als hätte sie mehr als eine Ewigkeit Zeit zu genießen.
Es ist eine ruhige und glückliche Woche mit Roland. Nachts schläft sie in seiner Körperwärme ein. Tagsüber hat er eine stille, fürsorgliche Zärtlichkeit für sie. Von ihm geht ein Gefühl der Zuversicht aus.
Er kocht Spaghetti, richtet Salate an, trägt die Badetasche und die Einkäufe, nimmt sie an der Hand, wenn sie die vielbefahrene Überlandstraße zur Bushaltestelle überqueren. Jenseits dieser Straße läuft jeden Abend ein Rummelplatz mit Riesenrad auf Hochtouren. Seit ihrer Kindheit liebt sie Rummelplätze. Wahrscheinlich sucht sie dort das kleine Mädchen, das sie einmal war. Weshalb auch nicht?
Ein roter Rummelplatzluftballon steht ihr jedenfalls zu.
Daran, daß Roland ein Recht darauf hat, sie zu verlassen, denkt sie nur noch manchmal. Sie ist dankbar für seine geduldige Liebe.
Nach sieben Tagen kehren sie in den Regen zurück.
Margot hat das Gefühl, vier Wochen zur Kur gewesen zu sein, zu einer, die ihrem Wesen gerecht wird.
Die Unterwasserburg über den Dächern von Köln ist bevölkert. Die Tochter mit Sohn und Mann ist eingetroffen. Sie bleiben zehn Tage, wie verabredet.
Obwohl sie sich bemüht, gelingt es Margot nicht, in die mütterliche Rolle zurückzukehren. Sie freundet sich mit dem kleinen Jungen an, sie füttert ihn, trägt ihn herum, zeigt ihm sein Spiegelbild in den vielen Spiegeln ihrer Wohnung, zeigt ihm, wie sich die Pflanzen auf der Terrasse

streicheln lassen, wenn er sie abreißen will, horcht gemeinsam mit ihm auf das Klingeln der kleinen Prozellanglocke, die sie aus Japan mitgebracht hat. Er ist anders, als ihre Töchter waren. Gelegentlich meint sie, sich selbst wiederzuerkennen. Ist es dann nicht Zeit, alt zu werden und abzutreten?
Sie läßt diesen Gedanken zu, ohne darüber zu erschrecken. Sie hat ein Recht auf ihr Leben.

Nach Ostern liegt sie wieder täglich unter dem Linac, die Brust wird einer Punktbestrahlung unterzogen.
Keiner der Ärzte spricht sie darauf an, daß sie zu diesem Zeitpunkt doch eigentlich ihre Eierstöcke hatten zerstrahlen wollen. Die fünf Wochen, die ihr zu Anfang als zeitliche Begrenzung der Strahlenbehandlung genannt wurden, sind längst überschritten.
An einem Abend bittet Margot ihre Tochter darum, das Bügelbrett unter die Matratze des Bettes zu legen. Sie denkt über Knochenmetastasen nach. Seit Wochen leidet sie unter Rückenschmerzen, aber sie ist nicht bereit, das überprüfen zu lassen. Eine harte Unterlage, wie das Bügelbrett, sagt sie, ist gut gegen Bandscheibenverschiebungen.
Als die Tochter abgereist ist, fällt sie zurück in eine Nacht voller Depressionen. Die Angst überschwemmt sie. Sie kann nichts dagegen tun. Den Schlaf fürchtet sie. Der Alkohol macht alles nur noch schlimmer. Eingekesselt wie ein jagdbares Tier. Was hilft es, daß sie sich selbst gut zuredet? Daß sie sich selbst auslacht und darauf hinweist: Was soll dieses Bild von der Jagd? Es ist ein männliches, erstens, und, zweitens: Wo sind, bitteschön, die Jäger? Du bildest dir das nur ein.
Was nutzt es mir, eine Frau zu sein, wenn ich sterbe, heult es ihr entgegen. Als seien Frauen unsterblicher als Männer.

Mit dem Whiskyglas und einer Zigarette in der Hand steht sie am geöffneten Wohnzimmerfenster. Das Porzellanglöckchen aus Japan hört sie im Hintergrund klingeln. Was hilft es, vier Stockwerke abwärts zu springen? Unten ist nur die weiche Gartenerde. Davon hast du nichts, den Rest deines Lebens, der dir noch bleibt, im Rollstuhl zu verbringen.
Hör auf! sagt sie sich selbst. (Und vielleicht ist es gerade diese Energie, die ihr Leben immer wieder bestimmt hat?)
Hör auf!
Sie blickt der Zigarettenkippe nach, die über die Dachziegel abwärts in die Regenrinne rollt. Sie ordnet sich selbst. Ordnet an, in den Keller zu gehen und in den Kisten, die vom letzten Umzug übrig sind, nach einem bestimmten Buch zu suchen, das sie vermißt. Dazu muß sie vier Stockwerke abwärts und danach auch wieder aufwärts steigen.
Das Buch, das sie sucht, findet sie nicht; dafür eine Schachtel, die ihre jüngere Tochter schwungvoll etikettiert hat: »Alte Fotos.« Sie beginnt, Fototüten zu öffnen. Im Keller begegnet sie längst vergessenen Bildern aus der Kindheit ihrer Töchter. Das rettet sie aus der Panik. Sie vergißt das Buch. Bis zum frühen Morgen sitzt sie über dem Fotokarton, ordnet, beschriftet, erinnert sich, sortiert und wählt aus, was sie an die Wand hängen wird.
Das Aufwachsen ihrer Töchter. Sie setzt es hinter Glas. Wie Schautafeln hängt sie diese Fotos an den Stellen in ihrer Wohnung auf, an denen sie immer wieder vorbeigehen muß. Das versöhnt sie mit der Depression. Sie sind ein Lebensbeweis. Sie hat gelebt. Sie liebt diese Töchter. Sie liebt das Leben. Aber es ist kein ewiges. Sie lernt. Sucht Fotos heraus, die ihr Leben mit Roland zeigen. Sie hat zwei Leben gelebt. Das mit den Kindern und das der späten Liebe.

In beiden Leben fühlt sie sich geborgen.
Ob sie ein Recht auf Lebensverlängerung hat, wird das Leben selbst zeigen.
Gegen fünf Uhr schläft sie ein, ohne sich in den Schlaf zu weinen. Am anderen Morgen ruft sie Roland an. Ob er mit ihr ins Gartencenter fahren wolle, um neue Pflanzen für die Terrasse zu kaufen? Sie fahren zu zweit, und Margot besteht darauf, eine Engelstrompete zu kaufen. Sie braucht mindestens drei Jahre, um ihre Blütenpracht voll zu entfalten.

21. April 1988

Ich sitze am Fenster im dritten Stock eines einfachen Hotels in Göppingen und blicke die Kirchstraße hinunter, die Giebeldächer entlang, zur angrenzenden Höhe hinauf, dort steht im Grünen ein Hochhauswohnkomplex. Der Baum im rechten Fensterausschnitt zeigt das lichte Grün des Frühlingslaubs. In Puerto Rico, erinnere ich mich, können sich die Menschen nicht vorstellen, daß es Monate gibt, in denen die Bäume kahl sind. Neben dem Hotel liegt das evangelische Gemeindehaus und die Jugendarrestanstalt. Sie ist im ehemaligen Marstall des Schlosses untergebracht: fest verschlossene Fenster aus einem braunen Glas, wie ich es bisher nicht gesehen habe. Ein kleiner Junge trödelte vorhin in der Mittagszeit auffällig begierig neugierig – oder nervös? – die Mauer entlang, spähte durch den Briefschlitz des alten Holztores. Die Sonne war schon warm. Er trug eine Plastiktüte mit sich herum und war vielleicht neun Jahre alt oder zehn.

Ich fange an, mir für ihn eine Geschichte auszudenken...

Zum ersten Mal seit dieser Krankheit bin ich wieder auf einer Lesereise. In einer Stunde beginnt die dritte Lesung, morgen findet die vierte in Kirchheim/Teck statt. Ich hatte Furcht vor der Strapaze. Aber ich fühle mich gut. Langweile mich; auch an der Gleichgesichtigkeit bundesdeutscher Kleinstädte. War schließlich im Kino. Das hat mich heiter gestimmt.

Ich fühle mich kräftig. Nicht ängstlich. Gelegentlich etwas verwundert. Die Operation liegt nun schon ein halbes Jahr hinter mir. Was ist mir da eigentlich passiert?

Wie geht es weiter?

Täglich denke ich über die Möglichkeit der Metastasenbildung nach. Manchmal so gelassen, daß ich mich selbst ermahnen muß, nun nur nicht zu denken, es sei alles längst überstanden.

Ja, ich fürchte mich noch. Aber: Ich habe mich auch verändert. Ich bin, zu meinen eigenen Gunsten, anders geworden. Das meine ich so direkt, wie es hier steht: zu meinen und nicht zugunsten eines anderen oder irgendeines Zwecks.

Ich denke, ich kann es lernen. Was?

Nun, lernen, tatsächlich so zu empfinden, wie ich nach außen hin bereits denke: »Was heißt das schon, Brustkrebs gehabt? Weshalb diese Furcht vor dem, was kommen könnte? Warum soviel Aufhebens darum? Es gibt schlimmere Krebsarten. Es gibt schlimmere andere Krankheiten.« Oder aber: »Ich könnte bei einem Unfall umkommen, heute oder morgen oder übermorgen.« Ich rede schnoddrig vom Ziegelstein, der jedem auf den Kopf fallen könnte.

Ich habe das vergangene halbe Jahr gelebt. Ich habe es nicht schlecht gelebt. Ich habe geliebt, gedacht, gearbeitet.

Es hat mir Spaß gemacht, ein halbes Jahr zu leben!

Wenn ich mich im Spiegel betrachte, freue ich mich, mich selbst zu sehen.

XII
Wissen und Nichtwissen

Nachdem die Strahlenbehandlung abgeschlossen ist, meint Margot, in das Leben zurückkehren zu können, das sie vor der Krebsdiagnose führte.
Sie täuscht sich.
Sie wird Monate dazu brauchen, beinahe noch ein ganzes Jahr; und auch dann ist das gelegentliche Anschwellen der linken Brust nicht behoben. Sie schwillt bei jeder körperlichen, aber auch seelischen Anstrengung an.
Ende April ist es Margot nicht möglich, länger als eine Stunde an der Schreibmaschine zu arbeiten. Daran ist nicht nur der Lymphstau schuld, es fehlt auch an Konzentrationsvermögen, hinzu kommt eine körperliche Erschöpfung, verursacht von der Strahlenbehandlung. Und außerdem die tiefe Verstörung und Angst, bewußt oder an manchen Tagen auch unbewußt. Sie blockieren Margot im Zentrum ihrer Vorstellungskraft.
Heute weiß sie das. Ende April 88 will sie es nicht wahrhaben.
Bei einem zweiten Gespräch mit der Frauenärztin über eine Anti-Östrogen-Therapie hat sie sich bereit erklärt, einen Bluttest machen zu lassen, mit dem zu messen ist, wieviel Östrogen ihr Körper noch produziert. Möglicherweise schüttet er gar nicht mehr soviel aus, weil sie schon an der Schwelle zu den Wechseljahren stehen könnte?
Aber darin täuscht sie sich. Von Wechseljahren kann nicht die Rede sein.

Trotzdem widersetzt sie sich der Zerstörung der Eierstöcke. Von medizinischen Argumenten bedrängt und verunsichert, läßt sie sich schließlich eine Packung Tamoxifen[32] aushändigen.
Zu Hause legt sie das Anti-Östrogen in die Schreibtischschublade. Sie wird sich entscheiden müssen.
Auch der Umgang mit dem Gedanken an diese Entscheidung ist ein Hindernis auf dem Weg in ein alltägliches Schreib- und Arbeitsleben. Ein Störfaktor im Kreis der Gedanken. Eine Beängstigung im Gefühlsleben.
Einfacher wäre es, den ärztlichen Rat unbesehen anzunehmen.
Den ärztlichen Rat als medizinische Verheißung nehmen?
Daran zu glauben, ohne zu wissen?
Sie weiß, daß andere in ihrer Situation mit dieser Einstellung leben wollen.
Wenn sie die falsche Entscheidung trifft, wird sie später niemals einen anderen Menschen, nur sich selbst dafür verantwortlich machen können. Aber nicht die Verantwortung beunruhigt sie, die sie für das eigene Leben übernimmt, nicht das Risiko, das mit der Übernahme einer Verantwortung verbunden ist.
Das Nichtwissen beunruhigt sie.
Was weiß sie schon über medizinische Vorgänge?
Gut, sie hat sich Wissen angeeignet, hat gelesen und mit Ärzten gesprochen, auch mit solchen, mit denen sie nicht als Patientin zu tun hat, deren Haltung ihr gegenüber also eine andere ist.
Aber das Wissen, über das sie verfügen kann, bleibt ein Wissen an der Oberfläche.
Das nicht zuzugeben hieße, sich einer Illusion zu überlassen. Und trotzdem.
Trotzdem ist sie nicht fähig, einfach ja zu sagen.

8. Mai 1988

Gestern, Samstag, von der Jahresversammlung des P.E.N. in Bamberg zurückgekehrt. Einer sagte, ich hätte eine archaische Handschrift, sie erinnerte ihn an mittelalterliche aus den Klöstern.
Gestern war ich erschöpft, müde, ärgerlich. Heute ist Sonntag.
Roland schläft noch. Ich sitze am offenen Fenster. Höre Kirchenglocken, das sanfte, raschelnde Rauschen des Windes in den Blättern der Pappeln, die zarte Grünansätze zeigten, als ich im April zur Lesereise aufbrach, und die jetzt ganz und gar belaubt sind. Ein »Amslerich« singt.
Es geht mir gut.
Die Rückenschmerzen sind wesentlich zurückgegangen, seitdem ich nicht mehr in den Wartezimmern der Ärzte herumsitze.
In der Schreibtischschublade liegt das Anti-Östrogen-Präparat, das ich nehmen soll.
Am Mittwoch werde ich mir von einer Ärztin im Frauengesundheitsladen[33] neue (so hoffe ich!) Informationen dazu einholen.
Alle Versuche, mich eindeutig über die Auswirkungen und über Nutzen und Schaden zu informieren, haben bisher nur bruchstückhafte Ergebnisse gebracht; ein Puzzlebild, das ich in meinem Kopf selbst zusammensetzen muß.
Beim Krebsinformationsdienst in Heidelberg führte mein insistierendes Fragen dazu, daß sie mich wieder anriefen, nachdem sie sich zuvor selbst zu informieren versucht hatten.
Ihre Auskunft: Eine Anti-Östrogen-Therapie wird in der Regel dann angesetzt, wenn eine Metastasenbildung vor-

handen ist (dazu zählt auch der Befall der Achsel-Lymphdrüsen), Anwendung ohne Metastasenbildung findet als experimentelle Versuchsreihe statt.
Auf meinen Hinweis, daß »mein« Tumor zu 65% östrogenpositiv reagiert habe, aber nur ein Lymphknoten befallen war, und dieser Befall war – nach Auskunft der Ärzte – auch noch verkapselt (also noch nicht streubereit – so verstehe ich das), erhielt ich die Auskunft, dann sei ich ein Grenzfall.
Ich sollte noch einen anderen Arzt befragen. Eine Empfehlung könnten sie mir nicht geben.
Rat bekam ich auch nicht aus Herdecke von der Onkologin der Klinik, in der ich operiert wurde. Sie bestätigte mir am Telefon nur, daß die Anti-Östrogen-Therapie nicht unüblich sei; bestätigte die relativ geringen Nebenwirkungen, die Möglichkeit einer Verhinderung der Metastasenbildung, verwies aber gleichzeitig darauf, daß ich mit einer Anti-Östrogen-Therapie nie erfahren würde, ob sich überhaupt Metastasen gebildet hätten!
Auf meine Bitte um einen eindeutigen Rat wollte sie sich (und konnte sie wohl auch nicht) weder auf ein Ja noch auf ein Nein festlegen.
In der vergangenen Woche – zwei Tage vor Beginn der P.E.N.-Jahresversammlung – habe ich mich dann wieder einmal selbst auf den Weg zur Informationsbeschaffung gemacht.
Ich besuchte den Frauengesundheitsladen und kaufte dort ein fotokopiertes Manuskript zum Thema Brustkrebs[34], außerdem vereinbarte ich diesen Gesprächstermin für kommenden Mittwoch mit der Autorin des Manuskriptes, die selbst Ärztin in Essen ist.
Danach fuhr ich zur Medizin-Buchhandlung der Uni und kaufte nach langem Anlesen von Büchern in der Onkologieabteilung ein Handbuch für Ärzte zur Behandlung ihrer

an Krebs erkrankten Patienten: »Praktische Tumortherapie«[35].
Den Nachmittag und Abend verbrachte ich mit Lesen.
Das Manuskript des Frauengesundheitsladens rät von einer Anti-Östrogen-Therapie ab wegen der geringen Erfolgschancen.
Die »Praktische Tumortherapie« empfiehlt die Anti-Östrogen-Therapie bei allen Metastasierungen, um die Metastasen vorübergehend zum Stillstand zu bringen.
Eine gleichzeitige Stillegung der Eierstöcke wird nirgendwo empfohlen. (Übrigens auch nicht von der Krebsinformation in Heidelberg. Die Berater dort beschrieben die Stillegung der Eierstöcke als zweiten Schritt nach der Anti-Östrogen-Therapie.) Die Autoren der »Praktischen Tumortherapie«, Horst Sack und Ulrich Dold, empfehlen außerdem, Eierstöcke nicht durch Strahlenbeschuß abzutöten, sondern, wenn tatsächlich notwendig, dann operativ zu entfernen; einmal, weil die Östrogenproduktion so rascher gestoppt wird, zum anderen, weil der Strahlenbeschuß den Körper und das umliegende Gewebe zu sehr schädige.
Bei Anwendung des Anti-Östrogen-Medikaments Tamoxifen wird darauf hingewiesen, daß es beim metastasierenden Tumor zu einem Gewöhnungseffekt kommt. Das bedeutet: Nach einer gewissen Zeit hat das Anti-Östrogen kaum noch oder gar keine Wirkung mehr. Dann muß der nächste Therapieschritt gemacht werden, andere Anti-Hormone bzw. Chemotherapie.
Ich las und hielt erschrocken die Luft an.
Was hatte »man« – es war frau gewesen! – mir da »angeboten«?
Hatte frau/man mir nicht schon am 8. April die Eierstöcke mit Strahlenbeschuß stillegen wollen?
Alle bisherigen Informationen deuten darauf hin, daß diese

Behandlung nicht notwendig und eventuell sogar schädlich ist!
Ist das der Grund dafür, daß meine Frauenärztin, Frau Dr. I., mir Mitte April sagte, »man« habe sich in Absprache mit Prof. K. entschlossen, auf eine Eierstockkastration zu verzichten? Oder ist der Grund nicht eher in meiner rigorosen Weigerung und darin zu suchen, daß diese Form der Behandlung gar nicht so dringlich, sondern (vielleicht) nur im Rahmen einer Versuchsreihe zu sehen ist? Hat mich also mein Nein davor bewahrt?
Was geschieht dann mit all jenen Patientinnen, die sich vertrauensvoll in die Behandlung geben, ohne sich in (mühevoller, zeitraubender und Nerven strapazierender) Kleinarbeit selbst zu informieren?
Ich bin wütend und verletzt.
Verletzt, weil ich, obwohl ich präzise frage, keine präzisen Antworten, keine ehrliche und objektive Information bekomme. Wütend darüber, wie eine Unmündige behandelt zu werden.
Ja, ich bin wütend! So wütend!

10. Mai 1988

Heute habe ich das Gefühl, auf meine ärztlichen Gesprächspartner und -partnerinnen wie ein Mensch zu wirken, der verzweifelt fragt, aber (glücklicherweise für sie?) falsch.
Auch heute, im Frauengesundheitsladen mit Karin S., der Ärztin, wieder der Eindruck, auf direkte Fragen nicht immer geradlinig Antwort zu bekommen. Gelegentlich erst nach mehrfachem Nach- und um das Thema Herumfragen.
Fest scheint zu stehen, daß das Anti-Östrogen nach einer

gewissen Zeit seine Wirksamkeit verliert. Hier stimmen Karin S. und die »Praktische Tumortherapie« voll überein.

Unbewiesen, aber unter Wissenschaftlern bereits als Vermutung geäußert, so Karin S. von einem Krebsforscherkongreß berichtend, kann Anti-Östrogen dazu führen, daß ein neuer, hormonunabhängiger Tumor entsteht; z. B. in den Eierstöcken.

Fest steht auch, daß das Anti-Östrogen hauptsächlich in der Metastasenbehandlung eingesetzt wird, weil es den Tumor verkleinert bzw. sein Wachstum bremst, womit die Tumorbeschwerden erleichtert werden (so Karin S. und »Praktische Tumortherapie«). Wenn Anti-Östrogen jedoch zu früh angewandt wird, nämlich ehe eine Metastasenbildung vorliegt, kann seine Wirkung bereits teilweise oder ganz verloren sein, wenn es zum »Ernstfall« kommt.

Fest steht auch, daß Brustkrebs wohl häufig Metastasen verursacht, mit denen sich allerdings zum Teil lange leben läßt. (Manche sollen ein sehr langsames Wachstum haben.)

Von der Wahrscheinlichkeit einer Metastasenbildung sollte sich eine Patientin jedoch nicht so ängstigen lassen, daß ihr die Angst keinen Lebensraum mehr läßt, so Karin S. Wichtig sei, in den Phasen zwischen dem Auftreten von Metastasen das Leben einer Gesunden zu führen. Manche Metastasen seien relativ leicht »in den Griff zu bekommen«, Knochenmetastasen zum Beispiel durch Bestrahlung. Sie erzählt mir von einer Tante, die vor achtzehn Jahren an Brustkrebs operiert wurde, sich immer wieder Krebsoperationen unterziehen mußte und trotzdem, so Karin S., »ein lebenswertes Leben führt«.

Zur Chemotherapie sagt sie, was ich nach aller Lektüre bereits vermute: Mit Ausnahme der Chemotherapie bei der Kinderleukämie ist alles noch mehr oder weniger im Experimentierstadium. Entsprechend werde die Chemotherapie an manchen Kliniken auch gehandhabt.

Als ich nach diesem Gespräch durch die sommerlich warme Stadt nach Hause fahre, werde ich ein Gefühl des Unbehagens nicht los.

Ja, sie hat lange und ausführlich mit mir gesprochen.

Mein angelesenes Wissen hat sie nicht einfach abgetan.

Sie hat versucht, auf mich einzugehen. Ja, sie hat mich sogar einen kurzen Blick hinter die Kulissen der Krebsmedizin werfen lassen. Das hat vor ihr kein Arzt getan.

Und trotzdem habe ich das Gefühl, mehrfach mit meinen Fragen ins Leere gelaufen zu sein, nur das Echo der eigenen Stimme gehört zu haben.

Wann, so überlege ich am Steuer des Wagens im abendlichen Stadtverkehr, hat sie auf meine Fragen präzise mit Ja oder Nein geantwortet?

Präzise Auskunft gab sie mir, als ich sie bat, mir die medizinischen Kürzel des Krebsbefundes aus der Klinik Herdecke zu erklären. Ja. Und sonst? Sie rät von der Anti-Östrogen-Therapie ab. Als ich aber fragte: »Dann ist es wohl besser, ich lehne diese Behandlung strikt ab?«, da hat sie mich nachdenklich angesehen und gemeint, das müsse ich selbst entscheiden.

Ja, ich weiß, ich muß entscheiden. Ich will es ja auch. Ich wollte nicht, daß sie mir mit einem Ja oder Nein die Entscheidung abnimmt, vielleicht hatte ich schon entschieden, ehe ich zu ihr kam?

Vielleicht wollte ich ein einziges Mal eine klare Antwort bekommen.

Vielleicht hat mich auch enttäuscht, daß sie am Ende sagte: »Sie wirken auf mich sehr aktiv und selbständig –«. Als ich ein wenig verwundert bejahte, verwundert darüber, daß die Psychologin in Karin S. so ungeschminkt zum Vorschein kam, empfahl sie mir eine Kollegin in München, die in der Metastasenbekämpfung an einem neuen Projekt forscht, in dem mit radioaktiven Antikörpern[36] gearbeitet wird. Ich könne mich mit ihr in Verbindung setzen. Da diese Behandlung im Rahmen der Forschung liefe, sei sie sicherlich kostenlos.

XIII
Die Phasen der Angst verlieren an Gewicht

Der Mai ist warm wie ein Sommermonat. Margot liebt die Abende, die lange hell bleiben. Manchmal sitzt sie jetzt bis gegen neun Uhr zwischen ihren Blumen auf der Terrasse und versucht am Roman zu schreiben.

Die Phasen panischer Angst werden seltener. Das liegt vielleicht auch daran, daß sie nun nicht mehr täglich ins Strahleninstitut fährt, nicht mehr so unmittelbar mit der Krankheit konfrontiert ist und auch ihre Arztbesuche in immer größeren Abständen erfolgen.

Bis Ende Mai beschäftigt sie sich noch mit dem Problem der Anti-Östrogen-Therapie. Denkt an den Informationen entlang, die sie sich beschafft hat.

Schließlich entscheidet sie sich gegen die Einnahme von Anti-Östrogenen. Sie tut das nicht, weil sie meint, von Metastasen oder Rezidiven verschont zu bleiben. 65% aller Brustkrebspatientinnen sollen Rückschläge erleiden. Metastasen bilden sich hauptsächlich in den Knochen, in Leber, Lunge und Gehirn. Warum sollte sie zu den 35% gehören, die gesund bleiben?

Nein. Ihr Hauptgedanke ist, sich die Möglichkeit einer Anti-Östrogen-Therapie nicht durch eine vorzeitige Einnahme und damit durch eine Gewöhnung nehmen zu lassen.

30. Juni 1988

Ich schrieb eben 30. 9. statt 30. 6.: Wunschdenken? Oder tatsächlich nur eine einfache Verdrehung? Wohl eher ein Freudscher Verschreiber: Es könnte schon September sein, und ich wäre immer noch gesund!

Roland und ich haben eine Woche in Österreich verbracht.
Die Brust ist wieder angeschwollen. Größer als die rechte war sie ohnehin in all den Wochen. Jetzt wurde sie aber dick und rötlich wie während der Bestrahlungszeit, dazu Schmerzen, ein Spannungsgefühl und Druckempfindlichkeit, so als hätte mir jemand neben der Brust in die linke Achsel geboxt. Ich versuche es nun mit einer Sportsalbe und Umschlägen mit essigsaurer Tonerde.
Die Brust schwillt ab. Der Schmerz verschwindet.
Nach wie vor: Wirbelsäulenschmerzen vom Beckenknochen zur rechten Hals- und Kopfseite hinaufziehend. In der Zwischenzeit hatte ich Fangopackungen und Massagen, vom Arzt auf mein Bitten hin verschrieben, aber wirkungslos, im nachhinein sogar falsch, da Fango und Massagen für den Rücken zwar gut sind, aber die Wärme des Fango und die kräftige Massage das Lymphödem geradezu provozieren.
Gegen die Rückenschmerzen brachte Roland mir Franzbranntwein. Er erinnert sich aus seiner Kindheit daran und reibt meinen Rücken damit ein. Außerdem mache ich eine Art Gymnastik mit dem Kopf und den Armen. Es sind sanfte, weitschwingende Kreise, gleichmäßige Flug- und Wellenbewegungen mit den Armen, ein leichtes Neigen des Kopfes nach vier Seiten. Bewegungen, die nicht nur Schmerz und Lymphstau etwas auflösen, sondern auf den ganzen Körper beruhigend wirken. Sie sind der

Eurythmie nicht unähnlich, die ich als Kind nicht ausstehen konnte.
Übrigens: Ich habe erst jetzt bemerkt, daß ich unter der linken Achsel nicht mehr schwitze. Bis heute sind auch keine Achselhaare mehr nachgewachsen. Ich nehme an, daß die Bestrahlung die Ursache dafür ist.
Es ist eine seltsame Erfahrung, zu wissen, daß ein Teil der Körpersymmetrie unwiderbringlich verloren ist.
Das Tamoxifen liegt nach wie vor unbenutzt in meiner Schreibtischschublade. Ich werde mit der Frauenärztin darüber reden müssen. Ich habe mich gegen ihren Rat entschieden. Das macht es nicht leicht. Ich drücke mich um dieses Gespräch.
Gestern verwechselte ich die Tablettenpackung mit einer Packung Heftklammern. Ich hatte sie schon geöffnet, um, wie üblich, den Heftapparat aufzufüllen. Erst beim Herausnehmen bemerkte ich den Irrtum.
Eine absurde Vorstellung: Antihormone für ein Arbeitsgerät.

XIV
Die geschenkte Zeit zählt

Warum geht sie nicht zum Arzt?
Seit gut vier Monaten leidet sie unter Rückenschmerzen und verliert in den Arztpraxen kein Wort darüber. Nur dem alten Dr. M. gegenüber äußert sie einmal betont scherzhaft: »Ihre Stühle im Wartezimmer bringen mich noch um!«
»Das sind Bauhausstühle!« ist die entrüstete Antwort, ehe er nachfragt, das Thema aber dann fallenläßt.
Hatte Karin S. im Frauengesundheitsladen nicht darauf hingewiesen, daß Knochenmetastasen das geringste Übel seien, weil sie sich sehr gut mit einer Bestrahlungstherapie behandeln lassen?
Margot verläßt sich darauf, daß sie immer schon Rückenschmerzen hatte. Vor einigen Jahren wurden Röntgenaufnahmen gemacht. Dr. M. diagnostizierte eine verschobene Hüfte und erste Kalkansätze an den Wirbeln. Nicht einmal eine beschädigte Bandscheibe. Also, kein Grund zur Aufregung.
Auch jetzt nicht?
Es ist Leichtsinn.
Ist es Hochmut? Oder: kein Vertrauen?
Heute denkt sie: Es war die Angst.
Die Angst, von der Margot erst Monate später sagt: »Sie geht wohl nie ganz weg, aber es läßt sich lernen, damit umzugehen.«
Im Frühsommer 88 hat sie lediglich gelernt, die Angst aus-

zusprechen. Und das ist schon viel. Sie hat nie über Angst sprechen können. Nicht einmal als Kind hat sie sagen können: »Ich habe Angst.«
Das hat sie sich nicht zugestanden. Sie hat immer stark sein wollen, immer mutig. Und wenn sie es nicht war, dann sollte es wenigstens so aussehen.
Darüber wird sie sich erst klar, als sie mitten in der Arbeit an diesem Buch steckt.
Aber die Angst aussprechen zu können, das allein genügt noch nicht. Ja, es ist ein Ventil. Und für einen Menschen wie Margot ist das Aussprechen schon eine wesentliche Veränderung ihrer inneren Haltung. Sie trägt dazu bei, nächtliche Alpträume und tiefe Depressionsphasen zu vermindern.
Aber die Angst bestimmt nach wie vor ihr Handeln.
Sie hat Angst davor, Knochenkrebs zu haben. Und weil sie Angst hat, will sie es nicht wissen. So als existierte nicht, was sie nicht weiß. Vielleicht ist es auch das Bedürfnis, den Sommer sozusagen »ungeschoren« zu verbringen, nicht schon wieder einer Therapie unterzogen zu werden. Das mag mitspielen. Es ist nicht das Hauptmotiv.
Es ist die Angst. Und: Augen zu.
Es war Leichtsinn.
Sie hat Glück gehabt. Nichts als: Glück. Als sie sich im Laufe des Sommers eine teure Bandscheibenmatratze anschafft, gehen die Rückenschmerzen innerhalb weniger Tage zurück. Möglicherweise waren sie auch seelisch bedingt. So als hätte sie vor lauter Angst den Kopf eingezogen und die Rückenmuskulatur verspannt. Oder sie hat unbewußt mit dem Kauf der Matratze wiederum ein Teil jener Willenskraft aktiviert, die ihr schon als Kind half, Schule zu schwänzen oder Krankheiten zu überwinden.

Anfang Juli unterzieht sie sich der sogenannten kleinen Nachsorgeuntersuchung: Die Lungen werden geröntgt, die Brüste mammographiert, der Oberkörper in der Computertomographie scheibchenweise durchleuchtet, die Blutwerte gemessen. Kein Knochenszintigramm.
Wenige Tage vor dieser Untersuchung informiert Margot die Frauenärztin von ihrer Entscheidung, keine Anti-Östrogen-Therapie zuzulassen. Sie verweist auf die Literatur, die sie dazu gelesen hat.
Das Ergebnis der Untersuchung ist nach medizinischem Verständnis negativ; für Margot positiv: Es werden weder Rezidive noch Metastasen gefunden; auch die Blutwerte lassen keinen Verdacht aufkommen. Nur die Schwellung der operierten Brust wirkt nach wie vor verunsichernd auf den Arzt. Von einer Lymphdränage rät er ab, ohne Margots Frage, »Warum?«, zu beantworten. Der alte Dr. M., ihr Internist, hat vor wenigen Tagen ebenfalls abgeraten, dieses Warum aber mit der Begründung beantwortet, die Lymphe flösse nach einer Lymphdränage immer wieder zurück, sie brächte also nur so lange Erleichterung, solange Margot in Massagebehandlung bliebe. Ärzte in der Familie, die sie dazu befragte, reagierten zögernd und mit dem Hinweis, Lymphdränagen seien im Augenblick »sehr in Mode«.
Also, keine Lymphdränage. Am Ödem, so der Arzt, wird sich wohl kaum etwas ändern lassen. Das sei eben der Nachteil einer brusterhaltenden Operation. Aber, so sein Vorschlag, es gebe ja die Möglichkeit einer nachträglichen Amputation. Dann sei Margot das Problem los. Die Chirurgie der Brustnachbildung sei heute ganz hervorragend.
Er legt Margot Fotoalben vor. Da sieht sie Brüste jeder Größe und jeden Alters, Patientinnen, die sich verständiger verhalten haben; amputierte Brüste vor und Brustersatz nach dem Eingriff. Sie beugt sich über die Alben, die

nicht anders aussehen als Familienalben, spürt ihre dicke, malträtierte Brust und registriert mit Verwunderung den engagierten Stolz des Arztes, der ihr die Alben *vor*führt, als könne er sie damit *ver*führen. Vielleicht ist es aber auch nur der Versuch, sie in die Normalität des Brustkrebsalltags zurückzuholen?
Sie bleibt lieber bei der eigenen, noch sehr lebendigen linken Brust.
Zum Thema Anti-Östrogen-Therapie gibt es einen kurzen Disput. Sie teilt ihm ihre negative Entscheidung mit. Das Buch hat sie diesmal mitgebracht. Sie hat die ausschlaggebenden Zeilen angestrichen. Er wirft kaum einen Blick hinein. Seine Argumente gegen ihre Entscheidung sind zu Margots Überraschung gar nicht bedrängend. Sie hatte sich innerlich gewappnet. Aber die Herausforderung findet nicht statt. Ist alles nur ein Versuch gewesen?

Nach dieser Unterredung schließt sie für viele Wochen das Kapitel Arztbesuche. Der Sommer hat angefangen. Im Sommer, das hat sie sich vorgenommen, will sie am neuen Roman arbeiten. Sie packt alles, was mit ihrer Krebserkrankung zu tun hat, in einen Schuhkarton: die Befunde, Bücher und Hefte zum Thema, Notizen und das Tagebuch. Sie will, wie es so heißt, den Rücken freihaben. Als ob sie sich den Rücken freimachen könnte, wenn sie alles verpackt und verschnürt.
Aber das ist so ihre Art. Eine gewisse Sturheit.
Die ersten dreißig Seiten, die sie zu Anfang des Jahres schrieb, verwirft sie. Exemplarisch, ohne zu wissen, wie exemplarisch das auf die eigene Situation zutrifft, sucht sie nach einem ganz neuen Anfang für den Roman. Liebe und Angst sind ihr Thema.
»Ich möchte«, schreibt sie an einen alten Freund, der eine Weile auch ihr Lektor gewesen ist, »ich möchte darstellen,

daß die Angst um den Verlust der Liebe gleichzusetzen ist mit der Angst um den Verlust unseres Planeten.«
Also ist es schon wieder die Angst.
Eher die Angst als die Liebe?
Sie schreibt und verwirft.
Sie erfindet die Liebe dreier Frauen zu einem Mann und ein Flußpferd, das kurz vor Sonnenaufgang im Rhein zu sehen ist, aber nur für diejenige, die es sehen will. Ihre Hauptfigur nennt sie Margot.
Als der Sommer zu Ende geht, hat sie mehr als hundert Seiten geschrieben, aber nur fünfzig akzeptiert. Ihre Hartnäckigkeit bekommt etwas Verzweifeltes. Sie schreibt, ohne sich vom Fleck zu bewegen. Da ist nicht der Durchbruch beim Schreiben, der Funke, der überspringt, keine spontane Begeisterung, die das Erzählen einer Geschichte, die sie im Kopf hat, erst möglich machen.
Sie ist blockiert.
Erst ein halbes Jahr später, als sie das angefangene Manuskript längst in den Wartestand auf der linken Ecke ihres Schreibtischs geschoben hat, begreift sie, daß diese Blokkade nicht von äußeren Umständen verursacht wurde, sondern von den eigenen, den inneren. Sie muß erst verarbeiten, was ihr mit der Diagnose Krebs widerfahren ist, ehe sie zum Erfinden von Geschichten zurückkehren kann.

Im Sommer kommen auch die beiden Töchter zu Besuch. Die jüngere steckt in einer ersten existentiell wirkenden Krise wegen eines Mannes. Die ältere vermittelt Ruhe, manchmal sogar das Gefühl, in ihrer Nähe beschützt zu sein; der Enkel ist ein Bündel an Energie, voller Übermut und Zuversicht, ausgestattet mit einem nahezu unbeugsamen Willen.
Die Tage sind heiter, angefüllt mit Gesprächen, kleinen Handreichungen und Zärtlichkeiten, mit Ratgeben und

Ratholen, Kindergeschrei und Bilderbüchern. Margot hat immer schon ein eher geschwisterliches Verhältnis zu ihren Töchtern gehabt. Je älter sie werden, desto unwichtiger scheinen die zwanzig Jahre Altersunterschied. Als sie gemeinsam mit der jüngeren am Nachthimmel eine große sommerliche Sternschnuppe entdeckt, die in Sekunden über den Stadtdächern verglüht, ist sie, genauso wie die junge Frau neben ihr, aufgeregt damit beschäftigt, einen Wunsch zu wünschen.

Im Sommer beginnt Roland auch, Margot in die Vorausplanung einer zweiten Reise nach Puerto Rico einzubeziehen. Behutsam, aber beharrlich entwirft er Ideen, wie sie Recherchen, Erfahrungen und Erlebnisse der Reise gemeinsam publizistisch auswerten können. Margot zögert, läßt sich begeistern, zögert wieder. Sie spricht von ihren Zweifeln. Kann sie wissen, ob sie in einigen Monaten noch gesund ist? Roland läßt sich nicht beirren. In keiner Phase der Vorbereitung läßt er sich darauf ein, daß dieser zweite Besuch der Insel, der eine Arbeitsreise ist, ohne Margot stattfinden könnte.

Irgendwann im Laufe des Herbstes beginnt sie dann, tatsächlich auch wieder an Zukunft zu denken. Der Übergang geschieht unmerklich. Irgendwann gelingt es ihr, die Angst ganz allmählich aus dem Zentrum ihres Lebens in den Hintergrund zu schieben.
Möglicherweise ist das auch der Grund dafür, daß sie keine Tagebucheintragungen mehr macht. Sie weiß es heute nicht mehr.
Sie hatte sich die Jahrestage der beiden Operationen rot im Kalender angestrichen. Das war im September. Sie hatte sich vorgestellt, ein Fest zu geben. Dann ist sie doch nur mit Roland essen gegangen. Auch hier noch einmal ein

Zögern. So als könnte sie ein wie auch immer geartetes Schicksal herausfordern, gäbe sie ein Freudenfest.
Sie hat auch die sogenannte große Nachsorgeuntersuchung (mit Knochenszintigramm) nicht im November, vor ihrer Abreise nach Puerto Rico, machen lassen. Auch da noch die Angst: Der Befund könne für sie negativ ausfallen. Das hätte sie nicht an der Abreise gehindert, die Reise jedoch stark belastet.
Auch auf Puerto Rico noch: dieses In-sich-Hineinhorchen, ob da nicht Anzeichen für Metastasen sind, auch da noch die Angst.
Aber all diese Stadien nicht mehr im Mittelpunkt ihres Denkens.
Im November die Begegnung mit einem guten Bekannten, der sich vor drei Jahren wegen einer Krebserkrankung zurückgezogen hatte. Sie treffen sich auf einer Lesung, die er zum ersten Mal wieder hielt. Sie hatten sich nie umarmt. Sie wußten gegenseitig von ihrer Krankheit. Ihre Umarmung war spontan. Und Margot mußte an ein Pressefoto denken, auf dem sich zwei umarmten, die einem Flugzeugabsturz lebend entkommen waren.
»Nur die Angst«, sagte Margot bei dieser Gelegenheit.
»Die Angst werden wir nie los«, sagte er.
Aber sie hatte schon begonnen zu lernen.
Wenn sie zurückdenkt, erinnert sie sich daran, zur Jahreswende zum ersten Mal so empfunden zu haben, wie sie heute empfindet.
Zwischen »felicidades« und »happy new year« auf einer Familienparty in einem tropischen Garten, nahe am Meer, hatte sie auf einmal das Gefühl, mit dem Jahr, das in diesem Augenblick zurücklag, ein kostbares Geschenk erhalten zu haben. Schmerzen, Ängste, Erschöpfungen und panische Depressionen, auch das Scheitern am Romanmanuskript, alles verlor mit diesem Gefühl an Bedeutung. Es

hatte Ähnlichkeit mit dem Gefühl nach den Geburten: Das geschenkte Leben zählt. Nicht der Geburtsvorgang. Die Erinnerung daran verblaßt.
Sie hatte das Gefühl, das Leben habe ihr ein Jahr geschenkt.
In diesem Augenblick ist die Angst endgültig in den Hintergrund getreten.
Sie lernt, nicht mehr angstvoll in eine Zukunft zu blicken. Statt dessen ist sie dankbar für jeden Monat, den sie ohne Rückfall lebt. Als hätte die Auseinandersetzung, die sie in ihren Tagebucheintragungen mit dem Erschrecken, der Bedrohung und der eigenen Reaktion führte, nach Monaten des Schweigens einen Umwandlungsprozeß verursacht, wie er beim Keltern von Wein notwendig ist.

Im Januar 89 nach Hause zurückgekehrt, unterzieht sie sich der sogenannten großen Nachsorgeuntersuchung und beginnt, ihre eigene Geschichte aufzuschreiben.
Heute, meint Margot, die ich bin, heute kann ich mir auch vorstellen, jung zu sterben, auch, wenn ich mich vor dem Augenblick fürchte, in dem ich erkennen muß, daß es keinen Ausweg mehr gibt.

31. Januar 1989

Heute ist der Termin für eine Nachuntersuchung, diesmal eine sogenannte große, also mit Knochenszintigramm. Ich bin für neun Uhr ins Strahleninstitut bestellt. Die Flure und die Gesichter des medizinischen Personals sind mir vertraut, als hätte ich es nicht seit sieben Monaten nicht mehr betreten. Nur der Pförtner hat gewechselt.
Auch diesmal, wie im Juli, sitzen sehr viel weniger Patienten im Warteflur zu einem Bestrahlungstermin, als ich es Anfang 88 erlebt habe.
Als erstes werde ich zur »NUK« geschickt: Nuklearmedizin. Hier wird mir eine Nuklearflüssigkeit fürs Knochenszintigramm eingespritzt und Blut entnommen.
Diesmal empfinde ich keine Verunsicherung, keine Angst, keine Bedrückung wie beim ersten Mal im November 87.
Im Warteraum läuft der Fernseher. Von den Berliner Wahlen ist die Rede und von einer extremen Kälte in Alaska. Zwei Patienten auf Bahren werden hereingeschoben. Eine ältere Frau fragt mich, was denn hier mit ihr gemacht wird: »Man muß ja einen Einblick haben.« Ich versuche, ihr den Ablauf zu erklären.
»Ich komme direkt vom Krankenhaus«, sagt sie, »man hat mir eine Mamma abgenommen.« Den Begriff Mamma verwendet sie, als handelte es sich nicht um ihre eigene Brust, sondern um irgendein überflüssiges Teil an irgendeinem Gerät. Wahrscheinlich ist das ihre Art, mit dem Ganzen fertigzuwerden. Ich bemühe mich, beruhigend auf sie zu wirken.
Nach der Nukleareinspritzung werde ich in eine Kabine zur Ultraschalluntersuchung gerufen. Der gleiche Arzt, der mich vor mehr als einem Jahr zwang, mich auf den Bauch zu legen, kommt herein. Er sieht blaß aus, gibt sich aber munter, und seine Munterkeit ist die »kölsche«, eine die

mir liegt, die ich den Menschen auch abnehme. »Mit dieser Leber«, scherzt er, »könnten Sie Karriere als Säuferin machen!«
Ich lache: »Wenigstens ein Körperteil, der noch voll funktionsfähig ist!« Er wirft einen Blick auf meinen nackten Bauch. »Ich will mich ja nicht einmischen, aber da ist sicherlich noch mehr in dieser Hinsicht!« – Ein guter Schlagabtausch.
Dann wird die Lunge geröntgt, einmal von vorn und einmal von der linken Seite, der Seite, auf der bestrahlt wurde und in der ich seit einigen Monaten immer wieder Druckschmerzen habe, die sich bei Einnahme von Hustensäften lösen.
Gegen elf Uhr werde ich zur Mammographie geschickt. Da ich den Laden hier inzwischen kenne, fahre ich erst einmal in den 4. Stock zur Kantine, trinke in Ruhe einen Kaffee und rauche eine Zigarette. Gegen zwölf werde ich dann tatsächlich zur Mammographie geholt. Es wird wieder jene blaue Xerox-Kopie gemacht, die nicht so geheimnisvoll wirkt wie eine übliche Röntgenaufnahme.
Mit der jungen Frau, die die Apparate bedient, unterhalte ich mich über ihren Urlaub. Sie erzählt begeistert von Sardinien.
Gegen ein Uhr habe ich auch die Computertomographie hinter mir. Zehn Minuten später wird das Knochenszintigramm angefertigt. Diesmal macht es mir nichts aus, mich auf den Bauch zu drehen.
Alles wird zügig und ohne zu lange Wartezeit abgewickelt. Es scheint weniger Patienten zu geben.
Da ich erst für fünfzehn Uhr in die Sprechstunde zu Prof. K. gebeten bin, habe ich anderthalb Stunden frei.
Draußen ist ein grauer Tag. Ich gehe am Eigelstein Fisch essen. Gedanken über das Ergebnis der Untersuchungen mache ich mir keine. Das wundert mich. Gedanken mache

ich mir auch nicht mehr über den Umgang des Personals mit den Patienten. Das Strahleninstitut hat nichts mehr mit mir zu tun. Ein Gefühl der Gleichgültigkeit. Nein, kein Fatalismus.
Trübsinnig bin ich nur wegen des grauen Tages.
Es bleibt noch Zeit, nach Hause zu fahren. Dort trinke ich einen kleinen Sherry, sortiere schmutzige Bettwäsche, lese noch eine halbe Stunde.
In der Wäscherei erfahre ich von einem Heilpraktiker, der Stoffwechselkrankheiten anscheinend mit Erfolg angeht.
Kurz vor fünfzehn Uhr bin ich wieder im Strahleninstitut, innerlich auf eine lange Wartezeit vorbereitet.
Bei der Anmeldung treffe ich jene Mitpatientin wieder, mit der ich im Frühjahr 88 öfter auf die Bestrahlung wartete. Sie dürfte mein Alter haben. Wir hatten gute, optimistische Gespräche vor zwölf Monaten.
Sie hatte sich damals ganz anders als ich entschieden. Die Brust war amputiert, eine Plastik bereits eingesetzt; sie wurde bestrahlt und unterzog sich einer Chemotherapie, vor der sie sich nicht fürchtete, wie sie damals sagte.

1. Februar 1989

Ich schreibe auf der Zugfahrt von Köln nach München weiter.
Wie sehr diese Mitpatientin unter der Chemotherapie gelitten hatte, begriff ich erst gestern, als sie mir ihre Schwester vorstellte. Ich hatte sie vor einem Jahr schon gesehen, aber nicht gewußt, daß sie die Schwester ist, jene schmale, blonde, junge Frau, die einige Male verzweifelt bei der Anmeldung auftauchte, während ich auf eine Bestrahlung wartete, und flehentlich darum bat, man möge Frau C. auftreiben, ihrer Schwester ginge es so schlecht.

Ja – und gestern nun hatte ihre Schwester den ersten Termin bei Prof. K., gerade aus dem Krankenhaus entlassen, erneut operiert, weil ein Rezidiv in den Achsellymphknoten aufgetreten war.
»Und trotzdem«, sagt sie, »trotzdem hatte ich ein sehr schönes Jahr.« Wir reden nicht darüber, was sie unter »schön« versteht. Wir sehen uns an und glauben wohl beide zu wissen, was es ist: das bewußtere Er-leben.
Sie wirkt nicht mehr so heiter, ausgeglichen, gelassen wie vor zwölf Monaten. Die Haut ist etwas gedunsen und blaß. Die dunklen schönen Haare scheinen dünner geworden, die Augen etwas traurig und müde.
Sie versucht, sich das Auftreten des Rezidivs zu erklären, sich und mir: »Wahrscheinlich haben die Ärzte diesen Lymphknoten bei der ersten Operation nicht erwischt. Es sind ja so viele Lymphknoten in der Achsel!«
Ich fühle Bitterkeit bei dem Gedanken, daß sie alles getan hat, was die Ärzte für notwendig und richtig hielten. Sie hoffte, damit eine Chance zu haben.
Tief innen erschrecke ich, weil ich das, was ihr geschieht, als grausam empfinde. Dieses Erschrecken hält immer noch an.

Als Prof. K. mir nach dieser Begegnung zwischen siebzehn Uhr und siebzehn Uhr dreißig schließlich mitteilt, daß alles in Ordnung ist (ein Schatten im Xerox-Bild der linken Brust wird ein zweites Mal mammographiert, ist trotzdem nicht zu identifizieren und soll Anfang März noch einmal begutachtet werden), empfinde ich dankbare Sanftheit – ein zartes, verwundertes Glücklichsein.
Auch eine beinahe archaische Furcht bei der Frage, warum gerade ich dieses Glück habe? Als könnte mir noch Schlimmeres als der Krebs bestimmt sein.

Jetzt, auf der Zugfahrt durch den Nebel zwischen Ingolstadt und München, denke ich wieder an meine Mitpatientin, auch an die Freundin meiner Schwester und an meinen Kollegen, die beide inzwischen tot sind.
Ob es möglich ist, die Abwehrkräfte gegen den akuten Ausbruch von Krebs durch ein psychisches Training zu stärken?
Ich habe es bei mir selbst versucht, aber ich wage nicht zu behaupten, daß das der Grund dafür ist, bis jetzt keinen Rückfall erlitten zu haben. Das zu behaupten wäre, denke ich, arrogant. Daß ich mich überhaupt in den ersten Monaten nach den beiden Operationen, vor allem während der Bestrahlungszeit und in den Wochen der Unsicherheit, der Angst, der Depressionen und abgründigen Nächte psychisch trainiert habe, daran erinnerte ich mich erst gestern wieder, als ich auf Prof. K. wartete und »meine Indianerin«, deren Töchterchen nun drei Jahre alt ist, mich erkannte und spontan auf mich zukam. Sie freute sich sichtlich, mich gesund wiederzusehen, und redete mit mir, einen Arm voller Akten. Sie war offen und fröhlich, denn diesmal war ich ja keine Strahlenpatientin, der sie mit Zurückhaltung begegnen muß, aus welchem Grund auch immer.
So sagte sie, sie stelle es sich schrecklich vor, als Patient unter einem Bestrahlungsgerät zu liegen. Das sei, neben aller anderen Angst, sicher furchterregend, »weil man ja nicht weiß, was mit den Strahlen auf den Körper zukommt«.
»Ja«, sagte ich nachdenklich, und dann, ohne lange zu überlegen: »Ich hatte auch Angst. Und ich habe versucht, sie mit autogenem Training zu beherrschen. Ich habe autogenes Training gemacht, während ich unter Ihrem Gerät lag.«
Sie blickte mich überrascht an, so als hätte ich ihr eine aufregend neue Idee vorgestellt.

Genau in diesem Augenblick erinnerte ich mich: Nicht nur unter dem Gammatron und unter dem Linac, ich habe mich täglich mindestens einmal trainiert, und ich tue es heute noch, inzwischen aus dem Unterbewußtsein heraus.

7. März 1989

Noch einmal das Strahleninstitut. Noch einmal eine Mammographie. Prof. K. will den Schatten überprüfen, der sich auf der Mammographie vom 31. Januar deutlich abzeichnete.
Als die blaue Xerox-Kopie aus dem Entwicklergerät kommt, bitte ich, einen Blick darauf werfen zu dürfen. Der Schatten scheint mir vergrößert. Ich fühle den Schreck im ganzen Körper. Es ist ein Gefühl, als sei eine Schleuse aufgemacht. Als würde ich geflutet.
Ich weiß, ich muß noch etwa zwei Stunden warten, bis ich die Diagnose erfahre. Ich verkrieche mich. Schotte mich gegen mich selbst ab. Das klappt für anderthalb Stunden.
Dann lege ich die Zeitschriften beiseite. Die letzten Seiten habe ich gelesen, ohne etwas aufzufassen. Es hat keinen Sinn. So geht es nicht.
Du wirst darüber nachdenken müssen.
Wieso soll ich darüber nachdenken, wenn ich nur eine Befürchtung habe, aber keine Diagnose?
Du mußt dich vertraut machen mit dem Gedanken, nun doch ein Rezidiv in der Brust zu haben. Du darfst dich nicht von einer ärztlichen Nachricht überrumpeln lassen. Du mußt gewappnet sein, denn danach sind Entscheidungen zu treffen.

Abschied nehmen, von dieser Brust.
Und die Zeit, die ich noch mit ihr gelebt habe, war gut.
Diese siebzehn Monate! Ich zähle sie versteckt an den Fingern meiner Hände ab, die ich tief in den Rocktaschen vergrabe. Ich bin längst aufgestanden und laufe das Terrain des weiträumigen Wartezimmers ab. Es hat sich inzwischen geleert. Mit mir wartet nur noch eine Frau meines Alters, hochnervös, ungeduldig, eine, die sich teuer anzieht, die ein anderes Leben führt als ich, auf dem Tisch liegt ein Brillenetui von Dior, ganz in Silberlamé.
Schließlich werde ich ins Sprechzimmer gebeten.
»Schließen Sie ab«, sagt Frau C., »dann können Sie Ihre Sachen in der Kabine lassen.«
»Nein, nein«, ruft Prof. K. aus dem angrenzenden Zimmerchen: »Es ist nichts. Absolut nichts.«
Als hätte mich jemand fröhlich aus einem Alptraum geweckt!
Aber wenigstens begrüßen möchte ich ihn. Frage ihn, wie es ihm geht. Er erzählt von einem Ärztekongreß in Madeira. Der Schatten im Xerox-Bild sei nur die Vernarbung. Kein Anlaß zur Sorge.
Ich glaube ihm jedes Wort. Unbesehen. Ich lächle über mich selbst. Wie ein Kind nehme ich gute Nachrichten auf, als gäbe es keine Möglichkeit der Manipulation.
Er will mich erst in einem Jahr wiedersehen zur nächsten Rundumuntersuchung. Als Frau C. einwendet, was denn mit den obligatorischen Halbjahresuntersuchungen sei, winkt er ab, so als sei er davon überzeugt, daß mein Körper uns nicht betrügt, daß ich alle Chancen hätte, gesund zu bleiben.
Schließlich sprechen wir über Puerto Rico. Ich erzähle von der kulturellen und politischen Situation dort. Prof. K. erinnert sich der dunkelhäutigen, sehr schlanken Frauen

dort mit einem Lächeln. Er mag keine bäurischen Frauen wie die auf Madeira.
Schließlich verabschiedet er mich mit dem Hinweis, ich könne es mir aussuchen, ob ich noch in diesem Jahr oder erst im Februar 1990 nach meiner Rückkehr aus Puerto Rico zur Nachsorgeuntersuchung ins Institut kommen wolle.
Es ist achtzehn Uhr dreißig. Beim Verlassen des Gebäudes zünde ich mir eine Zigarette an und gehe durch den Nieselregen zum Wagen. Es ist warm, wie im Frühling. Die Amseln singen wie verrückt. Im Wagen stelle ich das Radio ein. Ich bin einfach glücklich. Ganz tief innen, ganz glücklich.

Anmerkungen

1 Informationsquelle: Prof. Dr. med. Volker Barth, ÄRZTLICHER RAT BEI ERKRANKUNGEN DER WEIBLICHEN BRUST, 2. durchgesehene Auflage, Georg Thieme Verlag, Stuttgart – New York 1986.

2 Innerhalb von vierzehn Tagen hatten sich die deutlich tastbaren kleinen Einzelknoten in der Brust zu einem großen Knoten zusammengeschlossen, der druckempfindlich reagierte.

3 Informationsquelle: Ulrich Dold, Horst Sack, PRAKTISCHE TUMORTHERAPIE, 3. erweiterte und überarbeitete Auflage, Thieme Verlag, Stuttgart – New York 1985.

4 Statistiken aus den USA weisen eine geringe Veränderung der Überlebensrate (5 Jahre nach der Erkrankung) auf: 61% in den Jahren 1950–59 und 65% in den Jahren 1967–73.
Informationsquelle: CANCER PATIENT SURVIVAL, Report Nr. 5, U.S. Departement of Health and Human Services, 1976.
Aus den Krebsregistern der Bundesländer hochgerechnet, ergeben sich folgende Zahlen: An Brustkrebs erkranken in der BRD pro Jahr 30000 Frauen, 13000 davon sind unter 60 Jahre alt (gilt für 1984).
Informationsquelle: BEVÖLKERUNGSBEZOGENES KREBSREGISTER IN DER BUNDESREPUBLIK DEUTSCHLAND, herausgegeben v. Hans Hoffmei-

ster, BGA-Schrift 2/87, MMV Medizin Verlag, München 1987.

5 Informationsquelle: Gisela Friebel-Röhring, ICH HABE KREBS! NA UND?, Hebel Verlag, Rastatt, 5. Auflage 1987.

6 Das »Gemeinnützige Gemeinschaftskrankenhaus Herdecke – Klinikum der Universität Witten/Herdecke« ist eine Klinik der Anthroposophen. Den Krebspatienten wird ergänzend zur Schulmedizin das Angebot von Krebstherapie nach Erkenntnissen der anthroposophischen Medizin gemacht.

7 Deutsche Gesellschaft für Humanes Sterben (DGHS) e. V., Postfach 11 05 29, 8900 Augsburg 11, Tel.: 08 21/ 41 60 11.

8 A. ist meine ältere Tochter. Sie hat einen Sohn, Lucien, der zu dieser Zeit elf Monate alt ist.

9 Vierzehn Tage vor der ersten Operation kamen alarmierende Nachrichten von der älteren Tochter: Der kleine Enkel litt an einer rätselhaften Knochenentzündung, die Ärzte schlossen Krebs als Ursache nicht aus.

10 S. ist meine jüngere Tochter, Anfang zwanzig.

11 Ehrgeiz und Streß vermeiden: gute Vorsätze, die aber nur streckenweise durchgehalten werden. Sie zu vermeiden, ist ein langwieriger und immer noch andauernder Prozeß der Selbsterziehung.

12 Dieses Gefühl, »einen Freibrief« zu haben, weil frau ja mit dem Krebsbefund angeblich ein Todesurteil in der Hand hält, verliert im Alltagskleinkram seine Direktheit. Trotzdem verändert sich mit diesem Gefühl anscheinend etwas im Menschen selbst. Ich habe dadurch gelernt, häufiger zu sagen, was ich denke und was ich empfinde – nicht nur im privaten Bereich.

13 Puerto Rico, die Karibikinsel, die fest in den Händen der USA (polit-metaphorisch als »Commonwealth« be-

zeichnet) ist, richtete im Dezember 1987 den 51. Internationalen P.E.N.-Kongreß aus. P.E.N. steht für: Poets, Essayists und Novelists und ist die einzige internationale Schriftstellervereinigung, gegr. 1921 von der Schriftstellerin Catherine Amy Dawson-Scott. Die Teilnahme an diesem Kongreß war schon seit Monaten vorgesehen.
Was ich zu diesem Zeitpunkt noch nicht weiß, ist, daß das Sonnenlichtspektrum der (gemäßigten) Tropen Puerto Ricos eine Stoffwechselreaktion hervorrufen kann, die das Immunsystem des Körpers stärkt (Informationsquelle: Karl-Heinz Hanusch, BIOLOGISCHE KREBSBEKÄMPFUNG – Vorbeugen durch Immuntherapie, Econ Taschenbuch Verlag, Düsseldorf 1986).

14 »Writers-in-Prison« (Autoren im Gefängnis) ist ein Komitee des Internationalen P.E.N., das sich um Schriftsteller und Publizisten kümmert, die aus politischen Gründen inhaftiert sind. Am 15. November jeden Jahres wird vom P.E.N. der »Writers-in-Prison-Day«, der »Internationale Tag der inhaftierten Autoren« begangen; aus diesem Anlaß finden Veranstaltungen statt, die auf das Schicksal der Kollegen und Kolleginnen in den Gefängnissen aufmerksam machen.
Ich arbeite seit 1983 in diesem Komitee mit.

15 Iscador ist ein von der Firma Weleda hergestelltes spezielles Mistelpräparat, das subkutan gespritzt wird. Es wird in der Krebsmedizin der Anthroposophen seit mehr als dreißig Jahren angewandt; inzwischen findet es auch Anerkennung bei Schulmedizinern. (Näheres dazu auch in BIOLOGISCHE KREBSBEKÄMPFUNG, s. unter Anmerkung 13.)

16 Die sogenannte »Krebsdiät« (im Klinikum Herdecke als x-Diät bezeichnet) beruht auf der Erkenntnis, daß ein Stoffwechsel, der sozusagen unter Funktionsstörun-

gen leidet, ein Krebswachstum fördern kann. Zur »Krebsdiät« gibt es ein großes Literaturangebot (oft in Reformhäusern oder Bioläden erhältlich), drei Kapitel zum Thema finden sich auch in BIOLOGISCHE KREBSBEKÄMPFUNG (s. Anmerkung 13).

Ich selbst habe meine Ernährung grundsätzlich umgestellt. Ich führe zwar keine Krebsdiät im eigentlichen Sinn durch, habe aber die Umstellung nach einigen markanten Punkten der Herdecker x-Diät ausgerichtet: So wenig Fleisch wie nur möglich – auf keinen Fall Schweinefleisch, so gut wie keinen weißen Zucker mehr (auch Rohrzucker in Maßen), nur noch selten Nachtschattengewächse (z. B. Kartoffeln, Auberginen, Paprika – das Meiden von Nachtschattengewächsen beruht auf der Gesundheitslehre Rudolf Steiners, die mir nicht einsichtig ist, von der ich aber meine, es könnte etwas »dran« sein). Ich versuche: viel Gemüse zu essen, Vollwertkost (auch beim Brot), fast nur noch Käse, Fisch, manchmal Hühnchen oder etwas Rindfleisch; frische Papaya, wenn es sie gibt (sie enthält ein Stoffwechselenzym, das mir sehr guttut).

17 Beide Projekte, der Roman und die Kindermärchen, sollten eigentlich im Herbst begonnen werden. Sie sind in der Hektik der Wochen vor der Operation unerledigt liegengeblieben.

18 Die Bestrahlung von Krebspatienten erfolgt, wenn möglich, ambulant in speziell dafür eingerichteten Praxisräumen oder entsprechenden Kliniken.

19 Die Ablehnung der Krebsnachbehandlung durch den Internisten hatte wohl zwei Gründe: Der eine war sicherlich die Tatsache, daß eine Brustkrebsnachbehandlung in die Hände einer Gynäkologin (eines Gynäkologen) gehört. Der zweite ist wohl in der konservativ starren Haltung des sonst ausgezeichneten Schulmedizi-

ners zu suchen, der die Klinik in Herdecke ablehnend beurteilt und Iscador (s. Anmerkung 15) für eine Behandlung strikt zurückweist: »Mit Iscador wird seit dreißig Jahren behandelt, und seit dreißig Jahren sterben die Leute trotzdem an Krebs!« Wäre seine Ablehnung nicht so harsch autoritär ausgefallen, hätte sie wohl auch weniger verletzt.

20 Regelmäßige Nachsorgeuntersuchungen sind auf jeden Fall zu empfehlen, um einer eventuellen Metastasenbildung oder Rezidiven auf die Spur zu kommen. Im Wechsel zwischen »kleiner« und »großer« Nachsorgeuntersuchung sind für die ersten drei Jahre nach der Operation Untersuchungen alle Vierteljahre vorgesehen. Die »kleine« umfaßt Blutuntersuchungen (v. a. Leukozyten und Tumormarker können erste Hinweise auf einen Rückfall geben) und eine gynäkologische Untersuchung; die »große« sieht beim ersten Mal im laufenden Jahr eine Rundum-Geräte-Untersuchung vor: Mammographie, Thorax-Röntgen, Computertomographie des Oberkörpers, Knochenszintigramm und Leberuntersuchung mit Ultraschall, beim zweiten Mal, also ein halbes Jahr später, wird nur der Thorax geröntgt und eine Mammographie gemacht.

21 Lymphstau und schließlich ein Lymphödem können nach dem Entfernen der Lymphknoten unter der Achsel entstehen. Sie treten meistens im Arm auf (er wird dicker). Die Beschwerden können sehr stark werden, auf jeden Fall sind sie gravierender, als die Beschwichtigung der Ärzte vor der Operation vermuten läßt, die mir z. B. auf die Frage, was denn mit der Lymphflüssigkeit nach der Operation geschieht, vage antworteten: »Die muß sich einen neuen Weg suchen. Den findet sie aber auch.«

Sehr gute Hinweise zu Lymphstau und Lymphödem finden sich in ÄRZTLICHER RAT BEI ERKRANKUNGEN DER WEIBLICHEN BRUST (s. Anmerkung 1). Allerdings habe ich, nach diesem Ratgeber, einen gravierenden Fehler bei meiner Selbsthilfe gemacht, als ich die angeschwollene Brust unterkühlte. Darauf muß ich hinweisen, auch wenn ich selbst nach wie vor meine, das Richtige in der damaligen Situation getan zu haben. Im Winter 1988 wurde der Lymphstau in der operierten Brust unerträglich. Ich drängte die Frauenärztin zu einer Verschreibung von Lymphdränagen. Seitdem gehe ich, nur unterbrochen von meinen Reisen, wöchentlich einmal zur Massagebehandlung des linken Arms und Oberkörpers. Ein Abbau des Lymphstaus ist sehr langsam eingetreten, aber er ist eingetreten. Nach knapp einem Jahr der Behandlung kann ich sagen, daß mir die Lymphdränage sehr gut hilft. Sie ist von den Krankenkassen übrigens als Nachbehandlung bei Brustkrebs anerkannt.

22 Beta-, Gamma- und harte (kurzwellige) Röntgenstrahlen werden zur Behandlung bösartiger Tumoren, besonders Karzinome, eingesetzt. Die Strahlung ist radioaktiv. Zu den modernen Supervoltanlagen gehören z. B. die Kobaltkanone (Gammatron) und der Linearbeschleuniger aus der Gruppe der Betatrone (Linac).

23 Zuerst einmal greifen die Strahlen die Haut an. Es kann, muß aber nicht, zu Verbrennungen kommen (wenn es glimpflich abläuft: ähnlich wie bei einem Sonnenbrand). Sie greifen aber auch in den Körperhaushalt ein. Die Folgen können sein: mäßiger Haarausfall, Müdigkeit bis hin zur tiefen Erschöpfung, allgemeine Körperschwächung, eine Schädigung des bestrahlten Bindegewebes, auch der Lunge, was sich aber wieder zurückbilden soll, Depressions- und Angstzustände.

Das Bindegewebe der Brust soll in der Regel unter der Strahleneinwirkung zusammenschrumpfen und sich in hartes Narbengewebe verwandeln, was bei mir nicht der Fall ist.
Informationsquellen: ÄRZTLICHER RAT BEI ERKRANKUNGEN DER WEIBLICHEN BRUST (s. Anmerkung 1) und: Ulrich Dold, Horst Sack, PRAKTISCHE TUMORTHERAPIE (s. Anmerkung 3).

24 Die Mitarbeiter und Mitarbeiterinnen des Krebsinformationsdienstes stehen telefonisch bis 20 Uhr für Auskünfte und Beratung zur Verfügung: Tel. 06221/410121. Es handelt sich um eine Einrichtung des Deutschen Krebsforschungszentrums in 6900 Heidelberg 1, Im Neuenheimer Feld 280.

25 Diese Selbstbehandlung geht zurück auf Informationen aus ICH HABE KREBS! NA UND? (s. Anmerkung 5) und anderer Lektüre zum Thema biologische Krebsbekämpfung.
Die Vitamine A, E und C sollen krebsfeindlich sein, ebenso die Mistel, sie stärkt gleichzeitig das Allgemeinbefinden; Zinnkraut stärkt das Bindegewebe, Magnesium das Herz und ist gleichzeitig ein Streßschutz; die Brennessel wirkt blutreinigend, also auf den Stoffwechsel; Rote Bete soll ebenfalls dem Krebs hinderlich sein; Karottensaft enthält Vitamin A.
Die Vitamine, Mistel und Zinnkraut nehme ich heute noch regelmäßig ein; das Magnesium mit Pausen dazwischen; zweimal im Jahr mache ich mit Gemüsesäften (z. B. auch der Brennessel) Blutreinigungs- bzw. Stoffwechselkuren; zwei- bis dreimal im Jahr nehme ich (ebenfalls kurmäßig) Naturmittel zur Steigerung der Abwehrkräfte (Stärkung des körpereigenen Immunsystems) wie z. B. Ecchinacea oder Propopolis.

26 Monate später erfahre ich, daß jede Überhitzung dazu

führt, daß noch mehr Lymphe in die Brust geleitet wird, und deshalb vermieden werden soll.

27 Ich bin Mitglied im P.E.N.-Präsidium. Die Mitarbeit dort ging nach den Operationen selbstverständlich weiter, wenn auch in den ersten Monaten sehr »gebremst«. Diese »Selbstverständlichkeit« war für mich im Prozeß des Gesundwerdens und -bleibens sehr wichtig.

28 Daß mein Unbehagen nicht ganz unberechtigt war, bestätigte sich (fast auf den Tag genau) ein Jahr später. Am 25. März 1989 berichtet der »Kölner Stadt-Anzeiger« von einem defekten Bestrahlungsgerät (Gammatron), das in einer Strahlenpraxis in einer bundesdeutschen Großstadt zu hohe Strahlendosen abgab. Das Skandalöse an diesem Vorgang ist, daß die verantwortlichen Ärzte weder ihre Patienten noch deren Hausärzte davon unterrichteten. Die Strahlenschäden, die durch die zu hohen Dosen entstanden, konnten also nicht fachgerecht behandelt werden. Für manchen Patienten soll es den Tod zur Folge gehabt haben. Der Gerätedefekt an sich ist schon fragwürdig, aber er liegt wohl in der Natur der Sache: Es gibt keine Maschinen, die nicht irgendwann einmal einen Defekt haben; was ich jedoch als schändlich empfinde, ist das verantwortungslose Schweigen der Ärzte.

29 Einen zusammenfassenden, guten Überblick über die Möglichkeiten alternativer Therapiemöglichkeiten gibt die BIOLOGISCHE KREBSBEKÄMPFUNG (s. Anmerkung 13).

Viele dieser Therapien beruhen auf der Überlegung, daß ganz bestimmte körpereigene Vorgänge Krebs verhindern, einschränken oder lindern können. So wie es die Theorie eines Zusammenhanges zwischen Krebs und Psyche, Krebs und Streß, Krebs und Stoffwechsel gibt, gibt es auch eine Theorie des Zusammenhangs zwischen Krebs und gestörtem menschlichen Immunsystem. (Theorien, die inzwischen auch von Wissenschaftlern ernsthaft diskutiert werden.) Es gibt heute Erfahrungswerte, die darauf hindeuten, daß mit Therapien dieser Art in bestimmten Situationen gute Erfolge erzielt werden können.

Ich selbst habe mich keiner der Therapien unterzogen, einmal weil ich in der Anfangszeit einfach überfordert war, mich auch darum noch intensiv selbst zu kümmern, zum anderen aber wohl auch, weil ich meine grundsätzliche Skepsis auch gegenüber diesem Bereich nicht überwinden konnte (wollte?). Allerdings habe ich die Theorien der Zusammenhänge von Krebs und verschiedenen persönlichkeitseigenen Merkmalen akzeptiert und versuche heute noch, so zu leben, daß die krebsauslösenden Faktoren vermieden werden, also: so wenig Streß wie möglich (gelegentlich ertappe ich mich mitten in einer Streßsituation und versuche dann, bewußt den Streß abzuschalten, ruhig zu werden); Förderung eines gesunden Stoffwechsels (s. a. Anmerkung 16); Stärkung der körpereigenen Abwehrkräfte (s. a. Anmerkung 25); psychische Ausgewogenheit – dieser Bereich ist am schwierigsten und wird von mir am wenigsten bewältigt. Ich behelfe mich mit zwei »Eselsbrücken«: der Autosuggestion (die einfachste Methode ist die aus den USA: sich vor einen Spiegel stellen und sich selbst gut zureden – ist in vielen Psycho-Ratgebern nachzulesen) und dem autogenen Training; ich bemühe mich auch, belastende Erinnerungen an Vergangenes aufzuarbeiten, soweit das im Alleingang möglich ist – im Grunde empfiehlt es sich, für diesen Bereich Hilfe und Unterstützung bei einer Fachfrau, einem Fachmann der Psychologie einzuholen.

30 Bei »Punktbestrahlung« wird mit einer Photonenbe-

strahlung aus dem Linac zum Abschluß noch einmal gezielt auf den Teil der Brust eingewirkt, in dem der Krebsknoten sich entwickelt hatte.

31 Anti-Östrogene werden in der Metastasenbehandlung seit etwa zwanzig Jahren angewandt.

32 Tamoxifen ist ein Anti-Östrogen in Tablettenform.

33 Der Frauengesundheitsladen e. V. in Köln nennt sich »Hagazussa« und befindet sich in der Zülpicher Str. 177, 5000 Köln 41, Tel. 0221/427176. Ähnliche Einrichtungen wird es in jeder Großstadt der Bundesrepublik geben. Die jeweilige Adresse läßt sich über andere Frauenorganisationen oder aber eventuell auch über das Frauenreferat oder die Frauenbeauftragte der Kommunalverwaltung erfragen.

34 Elisabeth Rieping, BRUSTKREBS, WAS TUN?, zu beziehen über den Frauengesundheitsladen in Köln (Adresse s. unter Anmerkung 33).
Verglichen mit allem, was ich zum Thema Brustkrebs bis zu diesem Zeitpunkt gelesen habe, scheint mir dieses Manuskript überaus nützlich zu sein: Es informiert umfassend über die medizinischen Vorgänge der Behandlung, über Vor- und Nachteile sowohl der schulmedizinischen als auch der alternativen Behandlungsformen und über neue Ansätze in der Krebsforschung. Selbstverständlich wird auch in diesem Manuskript (das eigentlich ein Buch sein sollte!), wie in den meisten anderen Büchern zum Thema, die persönliche Einstellung der Autorin zur Problematik verschiedener Therapiemaßnahmen als richtungweisender Fingerzeig sichtbar. (Ich habe mir in all diesen Fällen Mühe gegeben, sie einfach zu übersehen und nur die Informationen zur Abwägung meiner Entscheidungen heranzuziehen.)

35 Angaben s. Anmerkung 3.

36 Hier geht es um eine Behandlung mit Monoklonalen Antikörpern: »An der Behandlung mit Monoklonalen Antikörpern wird in vielen Gruppen gearbeitet... Auch an der Universität München in der Nuklearmedizinischen Klinik ist die Arbeitsgruppe um Frau Dr. Senekowitsch weit gediehen.« Aus: Elisabeth Rieping, BRUSTKREBS, WAS TUN? (s. Anmerkung 34).

Die Autorin

Angelika Mechtel wurde 1943 in Dresden geboren und wuchs in der Bundesrepublik auf. Sie ist Autorin von Romanen, Erzählungen, Gedichten, Hör- und Fernsehspielen und Kinderbüchern. Angelika Mechtel wurde mehrfach mit Literaturpreisen ausgezeichnet. Seit 1984 ist sie Vizepräsidentin des P.E.N.-Zentrums Bundesrepublik Deutschland. Sie lebt als freiberufliche Autorin in Köln.